Editorial

Liebe Leserinnen und Leser,

für die DHG ist 2018 im positiven Sinne ein besonderes Jahr: Sie feiert ihr 30-jähriges Bestehen. Aus diesem Anlass gab es einen Aufruf für die DHG-Mitglieder, eigene Texte für eine Anthologie einzureichen. Die Beteiligung war überraschend groß und höchst erfreulich: 153 Mitglieder mit insgesamt 757 Haiku nahmen daran teil – und so ist es ein rundum vielseitiges Buch geworden, in dem man gut und gerne altbekannte und neue Namen mit ihren eigenen persönlichen Lieblings-Haiku entdecken kann.

Auch der Haiku-Wettbewerb 2018 für die Haiku-Agenda 2019 hat zu einem schönen Ergebnis geführt: 104 Teilnehmer sandten 283 Haiku ein – zudem wurden uns 25 Beiträge für die Cover-Gestaltung geschickt. Die Jury ermittelte die ersten 10 Plätze des Wettbewerbs … aber sehen Sie selbst, das Ergebnis stellen wir hier im Heft vor.

Außerdem finden Sie einen Bericht zum JAL-Kinder-Haiku-Wettbewerb – natürlich neben vielen anderen interessanten Beiträgen!

Denken Sie daran, sich schon jetzt den Termin für unsere kommende Mitgliederversammlung fest im Kalender 2019 einzutragen – der Vorstand freut sich auf einen regen Austausch!

Wenn Sie diese SOMMERGRAS-Ausgabe in den Händen halten, haben wir die große Sommerhitze inzwischen hinter uns gelassen.

Kommen Sie nun gut in den Herbst – und bleiben Sie gesund!

Mit besten Wünschen
Claudia Brefeld

Redaktionsteam

vom See her ...
Rengay

Sonnenwiese
in ihren Augen funkelt
das Meer

der brüchige Steg
er trägt noch

Spinnenwerk –
Tautropfenglitzerwelten
benetzen das Boot

zur blauen Stunde
die Kalligrafien der Schwalben ...
Schilfrauschen

vom See her Abendkühle
streicht die Hitze ihr vom Leib

ein letztes Mal
die Würze der Luft atmen –
Hände finden sich

Eleonore Nickolay/Horst-Oliver Buchholz/Thomas Opfermann/
Ramona Linke/Ulrich George/Claudia Brefeld

Inhalt

REZENSIONEN

BERICHTE

MITTEILUNGEN

DHG-Mitgliederversammlung 2019 in Traben-Trarbach

Liebe DHG-Mitglieder,

im letzten SOMMERGRAS haben wir bereits unsere kommende Mitgliederversammlung in 2019 angekündigt.

Termin: 03.05. – 05.05.2019
Tagungsort in Traben-Trarbach
ist das Stadthaus „Alter Bahnhof", Saal Mont-Royal

Traben-Trarbach, ein kleines Städtchen mit geschichtlicher Vergangenheit, liegt an der Mittelmosel in Rheinland-Pfalz. Ein kurzweiliger Aufenthalt ist garantiert, sodass es sich lohnt, über die Mitgliederversammlung hinaus die vielen Sehenswürdigkeiten zu erkunden: U. a. Buddha-Museum, Mittelmosel-Museum, Haus der Ikone, Zeitreise-Museum – fast alles ist bequem fußläufig und ebenerdig erreichbar.

Außerdem werden Schifffahrten, Kurzrundflüge, Tagesausflüge und vielerlei mehr angeboten, und auch Wanderer und Radfahrer werden voll auf ihre Kosten kommen.

Unsere Mitgliederversammlung wird auch diesmal von den Herausforderungen der vergangenen Monate und der kommenden Zeit geprägt sein. Als Beispiel hat die Datenschutz-Grundverordnung erste Spuren auf unserer Website hinterlassen, und es braucht noch einiges an Arbeit, um alles auf den korrekten Stand zu bringen. Dieses und viele andere Themen werden Mittelpunkt unserer MV sein. Anregungen, Perspektiven und Tatkraft sind also gefragt und sollen am Haupttagungstag genügend zeitlichen Raum erhalten. Unser Ziel ist, in persönlicher Begegnungsatmosphäre Umbrüche und Veränderungen zu bewältigen und mitzugestalten, zumal der tendenziell anhaltende Mitgliederzuwachs das zunehmende Interesse am deutschsprachigen Haiku bestätigt und auch uns das Gefühl gibt, dass wir bisher auf gutem Wege sind.

Des Weiteren ist u. a. ein Ginko-Spaziergang angedacht, aber auch ein Besuch des Buddha-Museums wird von uns erwogen.

In Traben-Trarbach gibt es sehr gute Unterkunftsmöglichkeiten in allen Preisklassen, von der Jugendherberge bis zum Luxushotel (viele Landgasthöfe, Gästehäuser, Pensionen, Ferienwohnungen, Privatzimmer), sodass jeder Teilnehmer problemlos sich seine geeignete Unterkunft suchen und buchen kann. Touristen-Info: Telefon 06541-83980

Eine schriftliche Einladung und weitere Informationen wird der Vorstand rechtzeitig an alle Mitglieder der DHG verschicken.

Den Termin aber sollten Sie sich schon heute fest vormerken. Wir freuen uns auf eine gute Zusammenkunft in Traben-Trarbach!

Es grüßt Sie herzlich
der DHG-Vorstand

Vögel flattern auf...
im Abschiednehmen
so viel Neues

Haiga: Horst-Oliver Buchholz

DHG-Haiku-Wettbewerb 2018

Claudia Brefeld

8. Haiku-Wettbewerb der DHG
für die Haiku-Agenda 2019

Im März 2018 lobte die DHG zum achten Male den Haiku-Wettbewerb der DHG aus mit dem Ziel, wie schon in den vergangenen zwei Jahren, die besten Einsendungen in die Haiku-Agenda für das kommende Jahr aufzunehmen.

Der Einladung folgten 104 Autoren, die insgesamt 283 Haiku einsandten. Außerdem schickten 25 Teilnehmer einen Beitrag für die Covergestaltung.

Auch diesmal gab es unter den Einsendern sowohl langjährige Haiku-Schreiber als auch Leser unseres Aufrufes, die zum ersten Mal Haiku für einen Wettbewerb einreichten. Der DHG-Vorstand bedankt sich bei allen Teilnehmern aufs Herzlichste.

Alle eingereichten Texte wurden von mir gesammelt und anonymisiert, bevor ich sie dann nach dem 30. Juni an die Jury weitergeleitet habe. Die Vorstandsmitglieder Claudia Brefeld, Petra Klingl, Eleonore Nickolay, Peter Rudolf, Klaus-Dieter Wirth und Stefan Wolfschütz setzten sich virtuell zu einer Juryrunde zusammen, in der nach Punktevergabe, von eins bis vier, die jeweils ersten zehn platzierten Haiku sowie alle weiteren Haiku, die in die Agenda aufgenommen werden sollten, ermittelt wurden – wobei nach Abschluss der Juryrunde darauf geachtet wurde, dass die Autoren mit jeweils nur einem Haiku vertreten waren.

Um die Haiku-Agenda thematisch ausgewogen füllen zu können, wurden am Ende noch einige Haiku aus den Haiku-Einsendungen für SOMMERGRAS 120 und 121 mit aufgenommen. Der Haiku-Anhang, in dem weitere DHG-Mitglieder mit einem ihrer Haiku vertreten sind, rundet die Agenda – nach Jahreszeiten sortiert – weiter ab. Natürlich fehlen auch diesmal nicht das „Haiku-Glossar" und die Seiten für eigene Notizen.

Alles in allem ist es eine Agenda mit vielseitigem Inhalt.

Die zehn höchstbewerteten Haiku werden mit der jeweiligen Platzierung abgedruckt. Die Autorinnen und Autoren dieser Haiku bekommen als Preis ein Exemplar der Agenda 2019 zugeschickt. Ebenso geht ein Exemplar an die Einsenderin, deren Coverbeitrag ausgewählt wurde.

Nachfolgend hier im SOMMERGRAS die Vorstellung der ersten beiden Sieger-Haiku sowie aller zehn Preisträger:

1. Platz:

Frühlingsmorgen …
ich öffne die Tür
für einen Abschied

    Horst-Oliver Buchholz

2. Platz:

Fotoalbum
wie jung
die Eltern waren

    Martin Berner

3. Platz:
    Sigrid Mertens, Martina Müller, Dorothea Philipps, Sebastian Salie

4. Platz:
    Ellen Althaus-Rojas, Christof Blumentrath, Anke Holtz,
    Angelika Holweger

Außerdem:
    Cover: Marija Juračić

Der DHG-Vorstand gratuliert den Platzierten zu ihrem Erfolg und wünscht allen Haiku-Freunden weiterhin viel Freude bei der kreativen Beschäftigung mit der kürzesten Gedichtform der Welt.

Weiterdichten

Ein Haiku zu einem Foto

Ein Haiku dichten zu einem Foto, damit daraus ein gelungenes Haiga entstehen kann: Dazu hatten wir Sie, liebe Leserinnen und Leser, in der vergangenen Ausgabe eingeladen. Unserer Einladung sind 32 Autoren gefolgt und haben ihre Beiträge eingereicht. Wir präsentieren eine Auswahl von besonders gelungenen Haiku, die uns erreicht haben. Die Auswahl haben Claudia Brefeld, Horst-Oliver Buchholz, Eleonore Nickolay und Ulrich George vorgenommen. Alle Einsendungen sind vor der Auswahl anonymisiert worden.

Die SOMMERGRAS-Redaktion bedankt sich herzlich bei allen Autoren!

Das Sieger-Haiku kommt von Janina Weidholz. Und so ist dieses Haiga entstanden:

Wellenruhe -
wir treiben
- durch die Sonne

Foto: Eleonore Nickolay, Haiku: Janina Weidholz

Wir sehen einen ruhenden Schwan, der auf sanften Wellen treibt. Wir lesen von Wellenruhe und Sonne. Und wir erkennen: Dies ist ein gelungenes Haiga! Warum ist das so? Vor allem deshalb, weil das Haiku das zentrale Motiv des Fotos aufnimmt, nicht beschreibend in Worten, sondern es weiterführt, es gleichsam erweitert, ohne es aber zu überdehnen. Der Schwan hat den Kopf in sein Gefieder gesteckt, ist buchstäblich versunken in sich selbst, der Welt abgekehrt, wie ruhend in sich selbst.

Im Haiku tritt uns Ähnliches entgegen, eine verwandte Erfahrung – und doch anders. Denn Bild und Haiku spiegeln zwar eine gleiche Erfahrungswelt wider – Ruhe, Gelassenheit – jedoch in verschiedenen Räumen. Die „Wellenruhe" in Vers eins öffnet die Tür zwischen diesen Räumen.

Die Ruhe des Schwans auf den Wellen wird aufgenommen und weitergeführt in die Ruhe der Dahintreibenden, wie man auch auf Wasser treiben kann, in Vers zwei. So stellt das Wort eine Verbindung her zwischen Mensch und Tier, zwischen Mensch und Natur – und hier: zwischen Wort und Bild. Das Dahintreiben hat durchaus etwas Zielloses, auf jeden Fall aber etwas Entspanntes, auch Zuversichtliches. Denn: „wir treiben / durch die Sonne". Die Sonne, das ist Wärme und Licht, das ist symbolisch Ausdruck von Zuversicht, dem Hellen im Leben.

Die Sonne selbst ist im Foto nicht zu sehen. Aber sie ist offenbar da, denn das Wasser spiegelt blaues Himmelslicht. So schlägt das letzte Wort des Haiku wieder den Bogen zurück zum Foto und rundet es zu einem Haiga, das Ruhe ausstrahlt und Gelassenheit. Und das gelungen ist.

Horst-Oliver Buchholz

Außerdem haben die Juroren sechs weitere Haiku mehrheitlich als besonders gelungen angesehen.

Siesta
in Harmonie
mit der Stille
Christa Beau

aus Kindheitstagen …
der Traum gleitet
in den Morgen
Claudia Brefeld

Mittagspause
die Welt zieht ihre Kreise
ohne mich
    Kerstin Hirsch

mich tragen lassen …
Händels Wassermusik
    Ilse Jacobson

Versunken
in der Sommersonne
der Traum vom Fliegen
    Sebastian Salie

Poesie –
den Kopf im eigenen
Gefieder
    Angelica Seithe

Aufruf: Ein *wabi-sabi*-Haiku!

Die SOMMERGRAS-Redaktion lädt Sie ein: Schreiben Sie ein Haiku, in dem *wabi-sabi* zum Ausdruck kommt, das heißt eine nicht offenkundige Schönheit, sondern eine verhüllte herbe Schlichtheit, verborgen in der Hülle des Unscheinbaren.

Einsendungen bis zum
15. Oktober 2018
an
redaktion@deutschehaikugesellschaft.de
Stichwort: wabi-sabi-Haiku

Jeder Teilnehmer kann ein Haiku einreichen. Die gelungensten werden in der nächsten Ausgabe SOMMERGRAS veröffentlicht.

Wir sind gespannt auf Ihre kreativen Ideen und freuen uns auf viele Zusendungen.

Zwei Beispiele:

Abend im Herbst.
Auf einem dürren Ast
hockt eine Krähe.
    Bashō

    (aus: Dietrich Krusche
    „Haiku. Japanische Gedichte")

verlassenes Haus
im Wind das Klagen
der Pforte
    Eleonore Nickolay

Haiku-Kaleidoskop

Klaus-Dieter Wirth

Grundbausteine des Haiku (XXXIII)
dargestellt an ausgewählten Beispielen

Wortspiel

Das Spiel ist seit eh und je nicht nur Bestandteil der menschlichen Kultur gewesen. Dennoch sieht der niederländische Philosoph Johan Huizinga in ihm sogar den Ursprung der Kultur verankert. „Dies ist nicht so zu verstehen, dass Spiel in Kultur umschlägt, vielmehr dass der Kultur in ihren ursprünglichen Phasen etwas Spielerisches eigen ist."[1] Und Friedrich Schiller stellte sogar generell fest: „Der Mensch ist nur dann Mensch, wenn er spielt."[2]

Selbstverständlich ist nun auch die Sprache als besonders ausgebildetes Gut unter den Fähigkeiten des Menschen immer schon ein möglicher Gegenstand seines Spiels gewesen, bei dem in der Regel witzige Effekte ins Auge gefasst werden. Sie lassen sich einmal über die Lautung durch gleichen oder ähnlichen Klang erzielen, zum anderen über den Inhalt durch die Doppeldeutigkeit eines einzelnen Wortes oder auch einer umfassenderen Aussage.[3] Dies ist die ergiebigste Quelle für ein Wortspiel, und man greift in diesem Falle auf den Einsatz der Ambiguität[4] zurück. Bei ihr ist der gemeinte Sinn im Satzzusammenhang immer eindeutig, gestattet jedoch bei isolierter Betrachtung der Homonyme[5] die gewünschte offene

---

[1] Huizinga, Johan: Homo ludens (der spielende Mensch). Vom Ursprung der Kultur im Spiel, Reinbek (Rowohlt) 2009, S. 57

[2] Friedrich Schiller im 15. Brief seiner Abhandlung „Über die ästhetische Erziehung des Menschen."(1795)

[3] Best, Otto F.: Handbuch literarischer Fachbegriffe – Definitionen und Beispiele, Frankfurt am Main (Fischer), ²1973, S. 314, ISBN 3 436 01486 9

[4] Zweideutigkeit aus lateinisch *ambiguitas*, von *ambigere* = nach zwei Seiten treiben

[5] Aus griechisch *homonymía* = Gleichnamigkeit von Wörtern unterschiedlicher Herkunft und damit Bedeutung, z. B. *kosten* = schmecken und *kosten* = wert sein; bei gleicher Lautung, aber anderer Schreibung spricht man von Homofonen, z. B. *mehr* und *Meer*; bei gleicher Schreibung, aber anderer

Auslegung. Viel seltener kann sich auch ein Doppelsinn bei der Beziehung von Wörtern trotz ihrer klaren Einzelbedeutungen innerhalb einer ganzen Satzkonstruktion ergeben. Dann spricht man von einer Amphibolie[6] Diese entsteht durch verschiedene Möglichkeiten im Hinblick auf die Betonung, Bedeutung oder Beziehung der Wörter zueinander. So können auch etwa abgegriffene Schlagworte mehrdeutig werden. Eine weitere Randtechnik zur Erzeugung von Wortspielen ist die sogenannte Paronomasie, bei der Wörter miteinander verbunden werden, die von ihrer Bedeutung oder Herkunft her letztlich nicht zusammengehören, sich jedoch im Klang ähneln, wie etwa der von Karl Kraus geprägte Ausdruck „mehr gunst- als kunstbeflissen" (Karl Kraus). Von solchen geschickten Abänderungen ist dann der Schritt nicht mehr weit zu regelrechten Wortneuschöpfungen. So heißt es bei Friedrich Schiller in *Wallensteins Lager* an einer Stelle: „die Bistümer sind verwandelt in Wüsttümer".[7]

Spätestens an dieser Stelle dürfte deutlich geworden sein, dass gerade die geistvolle Ausnutzung sprachlicher Vieldeutigkeit im wortspielerischen Sinne „wegen ihrer engen Bindung an die sprachlichen Gegebenheiten und Vorstellungsinhalte"[8] generell nur äußerst selten eine unmittelbare Übersetzung zulässt. Entweder muss die Mehrschichtigkeit der Bedeutungen zurückgenommen werden, oder man ist gezwungen, ergänzende Erläuterungen hinzuzufügen.

Natürlich ist dieses literarisch anspruchsvolle Wortspiel andererseits scharf zu trennen von der flachen, faulen Witzigkeit eines Kalauers, gekennzeichnet durch seine zum Teil gewaltsam gesuchten Ähnlichkeiten, so wie es etwa das folgende Beispiel einer Eigendefinition verdeutlicht: „Warum ist das J so gefährlich?" – „Weil dahinter das K lauert."

Auch ist ein Wortspiel als solches natürlich nicht automatisch schon als ein Haiku anzusehen. Besonders nordamerikanische Autoren tun sich hier gerne experimentell hervor.

Betonung von Homographen, z. B. *modern* = aktuell und *modern* = verrotten.

[6]Aus griechisch *amphibolia* = Zweifel. Vgl. von Wilpert, Gero: *Sachwörterbuch der Literatur*, Stuttgart (Kröner) [7]1989, S. 24

[7]Aus griechisch *paronomasia* – Wortumbildung zur Erreichung eines Nebensinns. Vgl. von Willpert, Gero, s. o., S. 663

[8]Vgl. von Wilpert, Gero, s.o. S. 1037

clover	(Glücks-)Klee
lover	Liebhaber
over	vorbei

Anne Elise Burgevin (US)

o((ult   verborgen

Roland Packer (CA)

Was nun die japanische Sprache anbetrifft, so zeigt sich ihr Wortschatz geradezu von einer überaus starken Homonymie geprägt und damit prädestiniert für den Einsatz des Wortspiels zur Erweiterung der Deutungsmöglichkeiten auf kleinstem Raum. So kann etwa das kleine Wörtchen *ne* unter anderem (!) Ratte, Maus; Ton, Laut, Geräusch; Wurzel; Grund, Ursprung; Natur, Charakter; Preis, Kosten und Schlaf bedeuten. Diese außergewöhnliche Polysemie[9] hält in der Folge Tür und Tor offen für mannigfache Assoziationen[10] und Interpretationen, wofür in den westlichen Sprachen nicht annähernd die Voraussetzungen gegeben sind. So verbleibt manche inhaltliche Anspielung – allerdings durchaus im positiven Sinne – im Vagen, muss jedoch im Entscheidungsprozess bei der Übertragung zwangsläufig vereindeutigt werden.

Aus rein formaler Sicht besteht auch eine Verbindung zur Technik des Scharnierworts (*kakekotoba*)[11], wo meistens ein doppeldeutiges Verb die Mittlerfunktion zwischen den beiden Vershälften übernimmt.

Hierzu ein Beispiel von Hayano Hajin (1677–1742):

shirafuji ya	Weiße Wistarien
kaze ni fuka-ruru	und – vom Winde bewegt ist
Amanogawa	die Milchstraße

Fuka-ruru heißt wörtlich „vom Winde angeweht werden", in diesem Fall also bezogen sowohl auf die großen, hängenden Traubenblüten der selte-

---

[9]Aus griechisch *polys* = viel und *sema* = Zeichen, also = Mehrdeutigkeit
[10]Japanisch *engo*
[11]Vgl. Grundbaustein 26: Scharniervers

neren weißen Glyzinien als scheinbar auch auf den „Fluss des Himmelsge-
fildes".[12]

Ein anderes Wortspiel lieferte Nakagawa Otsuyû (1675–1739):

neta ie wo	Grimmig scheint er auf
niramu yô nari	schlafende Häuser zu starren;
kyô no tsuki	der Vollmond heut' Nacht

„Hier ist der Mond personifiziert … (und es scheint) doch tatsächlich
Häuser zu geben, deren Bewohner dieses Ereignis nicht gebührend würdi-
gen, nicht wachend verfolgen! … Das Verb *miramu*, nicht nur „starren
auf", sondern durchaus auch „böse blicken" meinend, ist hier mit den
chinesischen Schriftzeichen *hakugan*, „das Weiße im Auge" wiedergegeben,
das man zu sehen bekommt, wenn jemand zornig ist. Der weiß leuchtende
Mondball ist für ein derartiges „Wort"-Spiel natürlich bestens geeignet."[13]

Chiyô-ni (1703–1775) wiederum greift auf die grammatischen Gege-
benheiten der japanischen Sprache zurück, die keinen Unterschied zwi-
schen Ein- und Mehrzahl macht, um mit dem Sinn der Aussage zu spielen
und das erlebte Bild zu veranschaulichen.

chôchô ya   onago no michi no   to ya saki

Ein Schmetterling umtanzt –	Ein Mädchen auf dem Weg –
die Frau auf ihrem Wege,	vor ihr fliegt ein Schmetterling,
vor ihr, hinter ihr	ein andrer hinter ihr

„Zweifellos ist die Vorstellung von einem Schmetterling, der (das Mäd-
chen) anhänglich umflattert, reizvoller", doch brächten gleich mehrere
auch mehr Wirbel in die Szene. Man sollte, „wie so oft beim Haiku, die
Uneindeutigkeit als poetisches Plus, als Chance für eine changierende
Imagination begreifen."[14]

---

[12]Übersetzung und Erläuterung nach May, Ekkehard: *Chûkô: Die Neue Blüte*, Mainz (Diederich'sche
Verlagsbuchhandlung) 2006, S. 60 f.
[13]Übersetzung und Erläuterung von May, Ekkehard: *Chûkô: Die Neue Blüte*, Mainz (Diederich'sche
Verlagsbuchhandlung) 2006, S. 42 f.
[14]Übersetzung und Erläuterung von May, Ekkehard: *Chûkô: Die Neue Blüte*, Mainz (Diederich'sche

Yosa Buson (1715–1783) nun benutzt eine ganz andere Form des Wortspiels:

nagaki yo ya   tsuya no renga no   kobore-zuki

An all-night gathering
writing linked verses
they have the moon in the wrong place

Eine Nachtsitzung,
um Kettenverse zu schreiben,
doch mit dem Mond am falschen Platz.

Nach den strengen Regeln für Kettendichtung – etwa im *hyakuin*, einer Sequenz von 100 Versen – musste nämlich der Mond immer im siebten Vers zum Gegenstand gemacht werden![15]

Im folgenden Beispiel spielt Takakuwa Rankô (1726-1798) wieder mit der Polysemie beim zentralen Verb. *Naku* „wird zunächst für alle Arten von Tierlauten verwendet, … bedeutet aber auch „weinen", daher ist der Ausdruck *sakura ni naku* in der zweiten Ebene sehr passend zum Frühlingsabschied, „über die (abgefallenen) Kirschblüten weinen"![16]

chiri-hatashi   Abgefallen alle
sakura ni naku ya   Blüten; auf dem Kirschbaum krächzt
yama-garasu   eine Bergkrähe

Auch David G. Lanoue, amerikanischer Haiku-Dichter, Dozent, Übersetzer und Experte von Kobayashi Issa (1763–1828), sieht keinen anderen Ausweg, als konsequenterweise zwei Versionen für das folgende Haiku von Issa anzubieten:

Verlagsbuchhandlung) 2006, S. 102 f.
[15]Übersetzung und Kommentar von Merwin, W. S. & Lento, Takako: *Collected Haiku of Yosa Buson*, Port Townsend WA (Copper Canyon Press) 2013, S. 174
[16]Übersetzung und Erläuterung von May, Ekkehard: *Chûkô: Die Neue Blüte*, Mainz (Diederich'sche Verlagsbuchhandlung) 2006, S. 386 f.

naka-naka ni	hito to umarete	aki no kure

quite remarkable	recht bemerkenswert
being born human …	als Mensch geboren zu werden
autumn dusk	Abenddämmerung im Herbst

just so-so	na ja, so, so
being born human	als Mensch geboren zu werden
autumn dusk	Abenddämmerung im Herbst

Denn nur so glaubt er die besondere Vorstellung Issas vom Menschen im Allgemeinen einigermaßen adäquat wiedergeben zu können, einmal als bewunderungs- oder bemitleidenswertes Wesen, zum anderen zugleich als Gegenstand der Satire, wenn nicht des Hohns.[17]

Selbst wenn in den westlichen Sprachen vergleichsweise nur in funktionell eingeschränkter Form auf das Wortspiel zurückgegriffen werden kann, gibt es auch hier hinreichend Möglichkeiten für eine erfolgversprechende Anwendung. Allerdings sind nicht minder gute Sprachkenntnisse eine notwendige Voraussetzung, zunächst um es als solches überhaupt zu erkennen und mehr noch, um dann dafür eine zufriedenstellende Übertragung zu finden. Oft geht es eben nicht ohne Kompromisse oder erforderliche Zusatzerklärungen.

Und nun die internationale Haiku-Auswahl:

Wollschal
ich verstricke
meine Gedanken

    Christa Beau (DE)

Reiseschach
Der Verlust meiner Dame
mit dem letzten Zug

    Hans-Jürgen Göhrung (DE)

das fahle Gras
auf dem Ahnenanger
ich ahne das Grün

    Dietmar Tauchner (AT)

nach dem Regen
wie aus dem Ei gepellt
der Ostermorgen

    Brigitte ten Brink (DE)

---

[17]Lanoue, David G.: Issa and Being Human, 2017 (Haiku-Guy.com), ISBN: 0991284054

Onopvallend wil
ze slechts voor hem opvallen –
hem valt het niet op.

    Ferre Denis (BE)

Unauffällig will
sie nur ihm auffallen –
ihm fällt es nicht auf.

op een pad
een pad
op een pad

    Ettina J. Hansen (NL)

auf einem Pfad
eine Kröte
auf einer Kröte

Duiven zonder tal. –
Het erf bekoerd en bepoept.
Duiven zonder til.

    Bart Mesotten (BE)

Zahllose Tauben. –
Der Hof voller Gurren und Kot.
Tauben ohne Schlag.

overtaken
by weeds
the road not taken

    Carlos Colón (US)

übernommen*
vom Unkraut
die nicht eingeschlagene Straße

*kann auch „überholt" heißen

retirement home
laundry sign – „No dying
in these tubs"

    Helen E. Dalton (US)

Seniorenheim
Wäschehinweis – „Kein Sterben*
in diesen Wannen"

*Schreibfehler! Richtig dyeing = Färben

Still playing with words –
an old couple linked
by a lifetime of scrabble

    Noragh Jones (GB)

Spielt weiter mit Wörtern –
ein altes Paar lebenslang
mit Scrabble verbunden

overgrown garden
bioperversity
at its best

    Dennis Stukenbroeker (GB)

überwucherter Garten
Bioperversität
vor der besten Seite

after the verdict
the arsonist
lights up

nach dem Urteil
erhellt sich das Gesicht
des Brandstifters

    Michael Dylan Welch (US)

Da insbesondere die französische Sprache auffallend viele Homonyme aufweist, steht ihr auch ein umso größeres Potenzial für Wortspiele zur Verfügung:

nuit de jazz
la distinction subtile
entre saxo et sexe

Jazz-Nacht
der feine Unterschied
zwischen Saxo(phon) und Sex

    Adjei Agyei-Baah (GH)

une autre nuit blanche –
elle regarde par la fenêtre
tomber la neige

noch eine schlaflose Nacht* –
sie schaut aus dem Fenster zu
wie der Schnee fällt

    Yves Brillon (CA)

*Wörtlich: weiße Nacht –
eine Redewendung!

dans son rétroviseur
retouche de rouge à lèvres –
le temps d'un feu, rouge

in ihrem Rückspiegel
Nachziehen des Lippenstifts* –
für die Dauer des Ampelrots

    Damien Gabriels (FR)

* Wörtlich: Lippenrot

un trueno cerca …
las ventanas del Windows
desaparecen

naher Donner …
die Fenster von Windows
verschwinden

    Antonio Casado da Rocha (MX)

Eleonore Nickolay

Die französische Ecke

Die 60. Ausgabe von GONG, der Zeitschrift der Frankofonen Haiku-Gesellschaft, steht unter dem Motto „Das erste Mal". Neun Vereinsmitglieder geben uns ihr erstes Haiku preis, erzählen die Umstände seines Entstehens, das gewöhnlich einherging mit ihrer persönlichen Entdeckung des Haiku. Welch unvergesslicher, weil entscheidender Moment in ihrem Leben! Von einem Moment der Offenbarung, ja gar der Gnade ist da die Rede. Den Berichten haftet ein Hauch von Ergriffenheit an, die manchem Leser, der selbst Haiku liebt und dichtet, nicht befremdlich erscheinen mag. Auch Dankbarkeit ist herauszuhören, denn das Haiku schenkt eine neue Lebensqualität: Wer Haiku schreibt, beobachtet genauer und erlebt die Gegenwart bewusster.

Signe noir sur l'eau	Schwarzes Zeichen auf dem Wasser
Pas de doute, c'est elle	Kein Zweifel, sie ist es
première hirondelle!	die erste Schwalbe!

    Isabel Asúnsolo

In der Haiku-Auswahl (46 Haiku aus 354 Einsendungen) lesen wir von der ersten Liebe, dem ersten Kuss, der ersten Liebesnacht:

première fois	das erste Mal
je ne m'en souviens pas	daran erinnere ich mich nicht
je me souviens d'elle	aber an sie erinnere ich mich

    Daniel Birnbaum

Doch das erste Rendezvous kann auch das letzte sein:

six étages à pied	sechs Etagen zu Fuß
la première fois chez elle	das erste Mal bei ihr
la dernière aussi	und auch das letzte

    Philippe Macé

Ein Vater, der zum ersten Mal sein Neugeborenes badet, ganz vorsichtig, so zerbrechlich erscheint es ihm:

premier bain
ses mains sur la porcelaine
du nouveau-né
    Vincent Hoarau

das erste Bad
seine Hände auf dem Porzellan
des Neugeborenen

Der erste Schultag, der erste Schritt des Kindes in die Welt außerhalb der Familie. Die Wehmut der Mutter ist spürbar:

cartable au dos
il ne se retourne pas
mon tout petit
    Anne Delorme

Ranzen auf dem Rücken
er dreht sich nicht um
mein Kleinster

Die ersten großen Ferien ohne Eltern weit weg von zu Hause, zum ersten Mal das Meer erleben:

première colo
dans mes sandales en plastique
la mer entre et sort
    Monique Junchat

erste Ferienkolonie
durch meine Plastiksandalen
tritt das Meer ein und aus

Die Jahre vergehen, die Kinder werden erwachsen und älter: Eine Mutter wird das erste weiße Haar ihrer Tochter gewahr.

ma fille à la fenêtre
ce premier cheveu blanc
sur son cardigan
    Joëlle Ginoux-Duvivier

meine Tochter am Fenster
dieses erste weiße Haar
auf ihrer Strickjacke

Die Erfahrung des Verlustes eines geliebten Menschen ist jedes Mal schmerzlich, aber dem ersten Mal haftet gewiss eine besondere Schwermut an:

pour la première   zum ersten
et la dernière fois   und zum letzten Mal
la mort de l'ami   der Tod des Freundes
     Michel Duflo

So schließt sich der Kreis. Am Ende der Lektüre hat der Leser alle wichtigen Etappen im Leben eines Menschen durchlaufen, an deren jeweiligen Anfängen immer die Erfahrung des ersten Mals steht. Und das erste Mal, ganz gleich, um welche Erfahrung es sich handelt, vergessen wir für gewöhnlich nie.

Masami Ono-Feller

Die Jahreszeiten und das Jahreszeitengefühl im deutschsprachigen Raum
Teil 1

mit freundlicher Genehmigung der Vierteljahresschrift „Kigo kenkyu-kai (Arbeitsgemeinschaft für Jahreszeitenwörter)" Nr. 161 vom 15.05.2018, Tokyo – erweiterte Fassung

Von meinen Landsleuten werde ich oft gefragt: „Gibt es ‚Jahreszeiten‘ in Deutschland?" Ich antworte: „Ja, klar, wie in Japan. Goethe hat auch über die vier Jahreszeiten gedichtet." Darauf: „Wirklich?"

Die Japaner wissen natürlich, dass Deutschland auf der anderen Seite des Erdballs liegt, aber wenn sie in Gedanken nach Deutschland reisen, neigen sie dazu, in Richtung Süden abzudriften, weil für sie Deutschland „im Westen" liegt. Deutschland liegt aber nicht auf derselben geografischen Höhe von Japan. So erkläre ich in der Regel, dass die in Japan bekannte süddeutsche Stadt München, etwa auf dem Breitengrad der kalten ostsibirischen Insel Sachalin und Tokyo mit seinem 36. Breitengrad, bereits auf der Höhe von Nordafrika liegt.

Meine Geschäftskunden von der nördlichen japanischen Insel Hokkaido bestätigen auch, „die Vegetation in Deutschland ist ja wie in Hokkaido!". Durch den Golfstrom ist jedoch das Klima zum Beispiel des Kölner Raums, wo ich wohne, deutlich milder als das von Sachalin und hat tatsächlich Ähnlichkeit mit dem von Hokkaido. So ist es denkbar, dass sich die „Jahreszeitenwörter" in Deutschland mit denen von Hokkaido zum Teil decken könnten.

Dass die Deutschen, auch die nicht dichtenden, die Jahreszeiten deutlich wahrnehmen und mit ähnlichen Vorstellungen, ja, Bildsymbolen verbinden, zeigt ein Sonderbriefmarkensatz der Deutschen Post von 2006, der den Titel trug „Vier Jahreszeiten". Die Motive der Jahreszeiten und ihre Kategorisierung fand ich interessant.

Für den „Frühling" wählten sie blühende Kirschbäume. Darunter steht „März – Juni". Kirschbäume für den „Frühling" – welcher Japaner verstünde das nicht. „Sommer" wird durch ein großflächiges gelbes Rapsfeld vor einer üppig grünen Baumgruppe dargestellt. Darunter: „Juni – September". Unter dem Bild des „Herbstes" mit einem sonnigen gelbleuchtenden Laubwald liest man „September – Dezember". Bei „Winter" steht ein einzelner Eichenbaum verschneit auf weißem Feld. Das erinnert an die Bilder von Caspar David Friedrich. Dort steht „Dezember – März" geschrieben.

Interessant: Die Herausgeber der Post haben März, Juni, September und Dezember überlappend genannt. Diese Monate gehören jeweils zwei Jahreszeiten an. Da hat jemand gar nicht in Schubladen gedacht, sondern die Natur beobachtet, denn es stimmt schon, die Vorzeichen der jeweils folgenden Jahreszeit sind bereits in diesen Monaten bemerkbar. Gleichzeitig empfinden viele auch ein Gefühl des Abschiednehmens von der jeweiligen Jahreszeit, die gerade zu Ende geht. Frühlings-, Sommer-, Herbst- und Winter-Anfang überschneiden sich gefühlsmäßig jeweils mit dem Winter-, Frühlings-, Sommer- und Herbst-Ende. Das empfinden wir Japaner ganz ähnlich, und es entspricht ganz der üblichen Jahreszeitenteilung im japanischen Haiku/Renku. Dort gliedert man nämlich die Jahreszeitenwörter in 17 Einheiten, und zwar: solche Wörter, die durchgehend in einer Jahreszeit Verwendung finden (4 x 1). Dann wird eine Jahreszeit in drei Teile – Anfang, Mitte und Ende jeder Jahreszeit – gegliedert (4 x 3). Hinzu kommen die Neujahrstage und ein gewisser Zeitraum danach (1).

Insgesamt also 4 + 12 + 1 = 17. Die Neujahrstage sind die höchsten Feiertage in Japan, zu denen viele, teils jahrhundertelang überlieferte kulturelle und religiöse Sitten und Objekte gehören. Aus diesem Grund wird dieser Jahreszeit eine Sonderstellung beigemessen, ähnlich wie in Mitteleuropa der Advents- und Weihnachtszeit.

Soweit scheint es keine allzu großen Unterschiede zwischen Japan und Mitteleuropa zu geben. Doch bei den oben aufgeführten Jahreszeitensymbolen der Deutschen Post würde einen Japaner, selbst ein Kind, eines stören: Rapsblüten im Sommer! Die „Rapsblüte" ist in Japan ganz klar eines der Frühlingssymbole und zählt zu den Jahreszeitenwörtern für Frühling. Der Raps wird in Deutschland vielfältig verwendet – zur Herstellung eines pflanzlichen Öls, für Pflanzenmargarine, als biologischer Treibstoff und als Quelle für Bienenblütenhonig, der auf den Frühstückstisch kommt oder als Zuckerersatz in biologischen Backwaren breite Anwendung findet. Raps springt auch in Deutschland wesentlich stärker ins Auge als in Japan, denn seine Anbaufläche beträgt hierzulande mit 1,3 Millionen Hektar das 800-fache von Japan. Wer im späten Frühling oder Anfang Sommer wandernd oder mit dem Rad, Auto oder Zug in Deutschland unterwegs ist, der sieht überall die großen, gelben Teppiche. Das Bild des Rapses ist in Deutschland also wesentlich stärker präsent als in Japan und wird anders empfunden.

Die vierteljährliche Schrift der DHG (Deutsche Haiku-Gesellschaft) SOMMERGRAS feiert dieses Jahr ihr 30-jähriges Jubiläum. Heft Nr. 120 dieser etwa 90 Seiten starken Zeitschrift kam kürzlich bei mir an (Ausgabe: März 2018). Da gibt es – für mich als Japanerin – einige Auffälligkeiten. Deutschsprachige Haiku (im Folgenden vereinfacht „deutsche Haiku" genannt) werden in der Regel in drei Zeilen geschrieben, wie ein dreizeiliges Gedicht. Betrachtet man jedoch die 73 Gedichte, die von einer Jury aus etwa 224 Einreichungen ausgewählt und in dieser Nummer abgedruckt wurden, findet man auch einige, die nur zweizeilig sind. Außerdem finden sich bei den dreizeiligen nur wenige, bei denen die für das japanische Haiku typische „Silbenzahl" von 5-7-5 eingehalten wurde. Manche halten sich sogar nicht einmal an die elementare Grundform des Verswechsels „kurz – lang – kurz". Kann man sie noch Haiku nennen? Als Japaner zögert man. Deutlich. Andererseits ist der Rhythmus 5-7-5 der japanischen Sprache eigen. Er ist im Deutschen schwer nachzubilden. Vielleicht sollte man ihn deshalb nicht-japanischen „Haiku" nicht aufzwingen, denke ich manchmal.

Andererseits: Ist es, wenn sich das Gedicht formal zu weit entfernt, dann nicht doch zwar ein Kurzgedicht, aber eben kein Haiku mehr? Sollte man solche, oft sehr schönen Gedichte einfach nicht als Haiku bezeichnen? Wie viel Regelausweitung ist sinnvoll? Ich darf das mit einem aktuellen Beispiel vergleichen. Die Grundregel des Fußballspiels ist es, den Ball mit dem Fuß und nur mit dem Fuß zu spielen. Diese Regel hat man erweitert, indem man den Ball auch mit dem Oberkörper und dem Kopf spielen darf. Das gilt immer noch als Fußball. Aber sollte man künftig auch die Hand einsetzen dürfen oder spielen wir dann nicht doch ein anderes Spiel? Und ist das Handverbot nur eine bevormundende Einengung oder führt nicht gerade diese Beschränkung zu Intensität, Kreativität und Vielfalt der Spielzüge?

Das deutsche Haiku ist ein selbstständiges Haiku, das stärkere Einschränkungen nicht gerne hat. Anders gesagt, es scheint eine regelfreiere Tendenz zu besitzen als das japanische. Bei den englisch-, französisch- oder italienischsprachigen Haiku, die im SOMMERGRAS vorgestellt werden, scheint das ähnlich zu sein.

Ein interessantes Beispiel, in dem Unterschiede und Gemeinsamkeiten zwischen dem japanischen und dem deutschen Haiku deutlich werden, ist das folgende Haiku zum vorgegebenen Thema „Sturmmond". Es wurde für die Zeitschrift SOMMERGRAS aus 41 Einsendungen ausgewählt.

Sturmmond
wir streichen das Laken
glatt
    Gabriele Hartmann

Im diesem Gedicht soll, laut Autorin, „der Sturm" die bewegten Gefühle und der „Mond" die astronomischen monatlichen Wiederholungen bedeuten. Die Silbengliederung ist nicht 5-7-5, sondern 2-6-1. Die letzte Zeile

„glatt" ist eng mit der vorhergehenden Zeile verklammert, da sie das Verb „glatt streichen" vervollständigt, wohingegen im japanischen Haiku die letzte Zeile eher selbstständig ist. Sprachen erzeugen auch Klangbilder, was auch in deutschsprachiger Lyrik oft genutzt wird. So könnte hier das „ch" im Verb „streichen" auch Erinnerungen an das Geräusch wachrufen, wenn man mit der Hand über ein Bettlaken streicht. Eine solche Klangassoziation ginge bei einer Übersetzung, z. B. ins Japanische verloren.

> Die Jury begründet ihre Wahl folgendermaßen:
> Das Haiku „greift die vorgegebene erste Zeile „… nicht einfach auf. Der neue Weg führt ins Gegensätzliche und baut so Spannung auf."
> „Der Sturmmond, ein äußeres raues Naturereignis größerer Art gewendet ins Kleine, Private, fast Intime."
> „Das Haiku lässt Raum für weitere Assoziationen seitens des Lesers."

Die gedankliche Bewegung dieses Haiku geht räumlich von außen nach innen, man könnte auch sagen, vom Anorganischen zum Organischen, und verdichtet diese Gedankenwelt, indem sie die erste und die dritte Zeile äußerst knapp mit nur je einem Wort belegt. Nicht von ungefähr ist im Deutschen das Wort „dichten" mit dem Wort „ver-dichten" verwandt.

Zurück zu den Jahreszeitenwörtern. Unter den in der Frühlingsausgabe ausgewählten 73 waren 38 Haiku ohne Bezug auf eine Jahreszeit. Das gibt es im japanischen Original-Haiku nicht, weil gerade der Jahreszeitenbezug dort das Haiku ausmacht. Unter den Jahreszeitenbezogenen waren hauptsächlich Winter- und Frühlings-Haiku. Es gibt zwar sechs Gedichte mit „Mond", der in Japan zum Herbst gehört, aber „Mond" wird in den vorliegenden deutschen Haiku weder als Herbstmond gesehen noch als ein Mond, mit dem man irgendwelche Stimmungen assoziiert, sondern er ist primär ein Himmelskörper mit bestimmten Eigenschaften. So scheint ihn auch die Autorin von „Sturmmond" zu verstehen. Zwar weckt auch im Deutschen der Mond Gefühle und beschreibt Stimmungen, er wird aber selten auf eine bestimmte Jahreszeit bezogen und beispielsweise mit einem Jahreszeitenwort gekoppelt.

Was im deutschsprachigen Raum als Haiku bezeichnet wird, hat sich, so scheint mir, vom japanischen Haiku in vielen Fällen sehr weit entfernt.

Zwar gibt es viele „echte" Haiku auch im Deutschen, aber ein großer Teil der so bezeichneten Gedichte hat mit dem japanischen Haiku nur die Kürze gemeinsam und die Absicht, in knappen Worten einen größeren Gedanken aufscheinen zu lassen. Was sind wohl die Gründe dafür? Ist nur nicht bekannt, was das Haiku ursprünglich ausmacht? Oder liegt das daran, dass den Dichtern hier die Tradition in Regeln und Formen zu dichten, nicht mehr vertraut ist? Oder liegt es daran, dass Formen als Einengung empfunden und die erst durch die Formen entstehende Dynamik nicht mehr gespürt wird? Haben wir es hier mit einer Weiterentwicklung des Haiku zu tun, oder ist hier ein neuer Typ von Kurzgedicht entstanden, der zwar vom Haiku herkommt, aber eben kein Haiku mehr ist? Bei günstiger Gelegenheit möchte ich mich gern mit deutschsprachigen Dichtern darüber austauschen.

Jürgen Gad

Zen, die Wabi-Sabi-Ästhetik und das Haiku
Teil 1

Einleitung:
Das folgende Essay beinhaltet im ersten Kapitel eine allgemeine Darstellung der wabi-sabi-Ästhetik unter besonderer Berücksichtigung des Zen-Buddhismus, der sie entscheidend geprägt hat. Hierzu werden charakteristische Merkmale genannt, die die Ästhetik ausmachen und ihre Herleitung aus dem Zen bzw. der Zen-Philosophie erläutern. Im zweiten Kapitel wird kurz auf die Beziehung der wabi-sabi-Ästhetik zur westlichen Moderne eingegangen und geschildert, warum die wabi-sabi-Ästhetik in vielerlei Hinsicht eine Vorwegnahme der modernen westlichen Kunst darstellt, aber auch gezeigt, in welcher wesentlichen Hinsicht sich beide Konzepte unterscheiden. Aufbauend auf den geschilderten charakteristischen Merkmalen der wabi-sabi-Ästhetik wird im letzten Kapitel (das in der nächsten Ausgabe von SOMMERGRAS folgt) untersucht, inwieweit sich die Haiku

Bashôs aus seiner vom Zen-Buddhismus beeinflussten Schaffensperiode in die wabi-sabi-Ästhetik einfügen bzw. daraus herleiten lassen.

Die wabi-sabi-Ästhetik:

Am Anfang des 14. Jahrhunderts schrieb der buddhistische Mönch Yoshi-da Kenkō folgende heute berühmten Zeilen:

„Würde man nicht hinschwinden wie der Tau auf dem Adashi-Feld und nicht flüchtig vergehen wie der Rauch auf dem Toribe-Berg, sondern ewig leben – wie könnte man da die zauberhafte Melancholie erfassen, die in allen Dingen webt? Gerade ihre Unbeständigkeit macht die Welt so schön."

Er lebte als Einsiedler in einer Hütte und nutzte seine Zeit zur Kontemplation. Seine Gedanken hinterließ er in Form von tagebuchartigen „Essays", die posthum veröffentlicht wurden. Dieses Werk, das sogenannte „Tsurezuregusa" (deutsch: Aufzeichnungen aus Mußestunden, bzw. Betrachtungen aus der Stille), wurde zu einem Klassiker der japanischen Literatur und übte einen großen Einfluss auf die klassische Japanische Ästhetik aus. Durch seine Lebensweise verwirklichte er das Ideal eines taoistischen Weisen, der, abgeschieden „von dem Lärm der Welt", in stiller und glücklicher Kontemplation lebte. Sein literarisches Werk hat als ein Hauptthema die Vergänglichkeit aller Dinge der Welt, einschließlich des eigenen Selbst.

Als Buddhist stemmt er sich aber nicht gegen das Werden und Vergehen, sondern nimmt die Vergänglichkeit aller Dinge als unvermeidlich hin und entwickelt gerade hierdurch eine Ästhetik, die die Vergänglichkeit selbst in den Mittelpunkt stellt und als das eigentlich Schöne der Kunst bezeichnet. So schreibt er: „Bewundert man die Kirschblüten nur in ihrer vollen Pracht, den Mond nur an einem wolkenlosen Himmel? Sich im Regen nach dem Mond sehnen, hinter dem Bambusvorhang sitzen, ohne zu wissen, wie sehr es schon Frühling geworden ist – auch das ist schön und berührt uns tief. Gerade ein Zweig, dessen Knospen erst aufgehen, und ein Garten, in dem die Blüten schon abgefallen sind, gibt besonders viel zu betrachten" sowie „ … So ist es bei tausend Dingen: Gerade der Anfang und das Ende haben einen besonderen Zauber." Die Hervorhebung des Vergänglichen ist ein Charakteristikum der klassischen Japanischen Ästhetik, bzw. der Zen-Ästhetik.

Sie äußert sich praktisch dadurch, dass die Blüte nicht in ihrer vollen Pracht wertgeschätzt wird, sondern dass im Gegenteil das Prozesshafte, also etwa die Knospe oder die bereits verwelkte und abgefallene Blüte, hervorgehoben wird. Für die von Y. Kenkō oben beschriebene ästhetische Auffassung gibt es einen speziellen Ausdruck, der allerdings kaum direkt übersetzt werden kann: *mono no aware* und meint das angesichts der unumgänglichen Vergänglichkeit der Welt im Betrachter aufsteigende, leicht melancholisch gefärbte Gefühl für Wahrheit, das mit dem Gefühl von Schönheit einhergeht.

Die Ästhetik des wabi-sabi, die sich im japanischen Mittelalter schrittweise entwickelte, geht aber noch einen Schritt weiter.

Bei Y. Kenkō ist im eingangs wiedergegebenen Zitat noch von einer Melancholie angesichts der Vergänglichkeit aller Dinge die Rede. In der wabi-sabi-Ästhetik verschwindet diese negative Konnotation und weicht zur Gänze einer positiven Sichtweise und sieht in der Vergänglichkeit den eigentlichen Grund für die Möglichkeit von Veränderung bei den Dingen. Denn hätten die Dinge der Welt einen unveränderlichen Wesenskern (philosophisch gesehen eine Substanz), so könnten sie sich nicht ändern, da sie sonst ihre Selbstidentität verlieren würden. Die Welt wäre daher statisch, was aber der Beobachtung widerspricht. Daher ist es das zentrale Anliegen der wabi-sabi-Ästhetik, die Veränderlichkeit der Dinge, einschließlich des eigenen Selbst, als grundlegende Eigenschaft allen Seins darzustellen.

Im Laufe des japanischen Mittelalters wurde in Japan der Zen-Buddhismus populär, und seine philosophischen Einsichten befruchteten die wabi-sabi-Ästhetik entscheidend. In dieser Ästhetik gibt es nirgendwo eine Statik. Statik wird lediglich als Anhaftung bzw. Illusion des dualistisch unterscheidenden Geistes angesehen, die es mit Hilfe von Selbsterkenntnis zu überwinden gilt.

Ursprünglich bezog sich sabi auf Einsamkeit, Verlassenheit und öde Orte. Aber bereits im „Heike monogatari", der epischen Erzählung des Kampfes des Heike(Taira)-Clans mit dem Minamoto-Clan (während der Heian-Zeit), hatte es eine positive Konnotation. Die neue Bedeutung war, dass an abgelegenen Orten, als weiser Eremit in geistiger Freiheit zu leben, bedeutete, den unumgänglichen Wandel allen Seins (einschließlich des eigenen Selbst) zu akzeptieren, d. h., alt und „rostig" werden als Chance zu sehen, über den Lauf der Dinge zu kontemplieren und mit ihnen eins zu werden, statt sich dagegen stemmen zu wollen.

Sabi wird meist im Zusammenhang mit wabi als wabi-sabi genannt, da sich die beiden Begriffe schlecht voneinander trennen lassen, weil sie sich z. T. in ihrer Bedeutung überschneiden. Wabi ist das Hauptwort vom Verb *wabiru*, welches verschiedene Bedeutungen haben kann. Im ästhetischen Zusammenhang meint es ursprünglich etwa: Mangel, Verlorensein, Verlust, Kummer oder Harm, man erkennt die Ähnlichkeit zum Begriff sabi. Auch hier fand eine Umdeutung der ursprünglichen Konnotation statt. Mit diesem Mangel ist nun aber kein Mangel im üblichen Sinn, also etwa das Fehlen von etwas gemeint, sondern die Nichtbeachtung, bzw. Geringschätzung des Materiellen bzw. Prachtvollen, einhergehend mit der Freiheit, die daraus erwächst, dass keine Anhaftung an materielle und daher vergängliche Dinge erfolgt. Wabi war schon vor der speziellen wabi-Ästhetik in fünfzeiligen Gedichten (waka) gebräuchlich.

Vom großen Teemeister und Vollender der wabi Teezeremonie (*wabi cha*) Sen no Rikyū werden die beiden folgenden *waka* angeführt, um wabi zu charakterisieren:

Wie weit man auch blickt
weder Blüten noch leuchtend verfärbtes Ahornlaub.
Am Ufer
nur eine riedgedeckte Hütte
in der herbstlichen Abenddämmerung.

Denen, die nur Kirschblüten
sehnsüchtig erwarten,
wie gern würd' ich ihnen zeigen
mitten im Schnee das sprossende Grün
im Bergdorf zur Frühlingszeit.

Die beiden *waka* zeigen deutlich, dass das Auffällige, sofort ins Auge Springende weniger geschätzt wird als das Verborgene und im Werden Begriffene, also das Dynamische.

Der Ursprung der Statik in der Ästhetik bzw. ihre Vermeidung liegt nach der zen-buddhistischen Philosophie in der illusionären Wirklichkeitssicht des reduktionistisch, dualistischen Denkens begründet. In dem Moment, in dem das dualistisch unterscheidende Denken einsetzt, wird automatisch, ohne dass wir es verhindern können, zwischen Ich und Nicht-Ich unterschieden. Durch diesen Denkvorgang wird mithilfe der Sprache die Welt in die Welt der Dinge aufgeteilt.

Dabei werden die Begriffe und Definitionen, mit deren Hilfe wir die Dinge benennen, für wahr genommen und gegeneinander abgegrenzt. Diese Sichtweise, die auch als die gewöhnliche Wirklichkeitssicht bezeichnet wird, hält der Zen-Buddhismus für eine Illusion des Geistes, die vom Denken selbst hervorgerufen wird. Zen sagt hingegen, dass die Begriffe und Definitionen nicht das eigentlich Wirkliche sind, sondern nur Fingerzeige auf die Welt, wie ein Finger, der auf den Mond zeigt. Sie sind aber nicht der Mond!

Eine reale Erkenntnis der Wirklichkeit wird mithilfe des dualistischen Denkens sogar verhindert und schafft mithilfe der Begriffe, die zum Denken benötigt werden, Statik und daher Anhaftung. Die Statik ist aber nur im Denken vorhanden, die Wirklichkeit selbst ist völlig dynamisch. Nach der Philosophie des Zen ist die Wirklichkeit hingegen ein unteilbares und daher holistisch Ganzes, das sich in jedem Moment erneuert. Anders ausgedrückt: Das Teil (Ding bzw. Mensch) existiert nur in Relation zum Ganzen (Welt), da das Teil nicht ohne das Ganze existieren kann und umgekehrt. Unterteilt man die Welt mithilfe von Denken in die Welt der Dinge, dann hat man eine Illusion geschaffen.

Vielleicht hat der Leser bemerkt, dass hier ein logisches Problem existiert. Da mithilfe der Zen-Philosophie und daher mithilfe von Denken und Sprache diese Aussage getroffen wurde, müsste diese Aussage ebenfalls eine Illusion sein.

Zen sagt daher ganz klar, dass mithilfe der Zen-Philosophie die Wirklichkeit nicht sagbar ist. Um dieses logische Problem zu umgehen, werden die Aussagen im Zen oft paradox formuliert, oder man unterlässt eine verbale Aussage ganz und beantwortet die gestellte Frage nach dem Sinn des Zen nur mithilfe von Gesten. In diesem speziellen Fall z. B.: „Das Zen, das sich sagen lässt, ist nicht das Zen."

Wird sie dennoch positiv formuliert, handelt es sich nicht um eine unmittelbare Erfahrung von Zen, sondern um Philosophie über Zen. Philosophie über Zen darf daher niemals mit Zen verwechselt werden. Um die Erfahrung von Zen verbal wiedergeben zu können, bedient sich die Zen-Philosophie einer speziellen Logik, der Logik der Relation, die dem „normalen" reduktionistisch, dualistischen Denken zuwiderläuft. Diese Logik ist durchaus stringent, wird aber, da meist völlig ungewohnt und daher missverständlich, meist nicht erkannt und daher nicht verstanden. Die „normalen" dualistischen Begriffe haben dabei keine Selbstidentität (Wesen, Substanz), sondern existieren **ausschließlich** nur in Form von Relationen, die sich gegenseitig bedingen, also z. B. warm und kalt oder schwer und leicht. Aus dem eben Gesagten ergibt sich natürlich sofort die Frage, wie denn nun Zen seine Erkenntnis über die Wirklichkeit gewinnt?

Ch'an bzw. Zen bedeutet einfach Meditationsbuddhismus. Während der ursprüngliche indische Buddhismus sehr theoretisch philosophisch ausgerichtet ist, steht Zen der Theorie eher skeptisch gegenüber, da hier ja nur Illusionen des Denkens zu erwarten sind. Die Einsicht in die Wirklichkeit, einschließlich des eigenen Selbst, ist hingegen ein Vorgang, bei dem mithilfe der Meditation unmittelbar die Wirklichkeit geschaut bzw. erkannt wird, in dem jegliches Denken unterbunden ist. Durch das bewusste Abschneiden des „Gedankenstroms", öffnet sich das Bewusstsein für das, was im momentanen Zustand tatsächlich erlebt wird, also z. B. das Zwitschern der Vögel im Geäst oder der Duft einer Wiese. Indem das Wahrgenommene bewusst erlebt, aber nicht mithilfe von Denken interpretiert und daher kontaminiert wird, erlebt der Schauende sich selbst, jeweils in Abhängigkeit vom momentan Erlebten. Die Aufteilung der Wirklichkeit mithilfe des Denkvorgangs in Ich und Nicht-Ich bzw. in die Welt der Dinge findet daher nicht statt. Die Wirklichkeit ist nun ein holistisch Ganzes und nicht eine geistige Interpretation der Welt mithilfe der Sprache. Der Meditierende erlebt sich von Moment zu Moment immer wieder neu. Die Statik, die das Denken hervorruft, ist überwunden und weicht einer vollkommenen Dynamik, die auch als solche erlebt wird. Zen bezeichnet diesen Bewusstseinszustand als „wunderbares Sein". Es ist ein Zustand, in dem das eigene Selbst sich in jedem gerade erlebten Prozess gewahrt, der, da völlig dynamisch, von Moment zu Moment voranschreitet und sich dabei jedes Mal erneuert. Da „wunderbares Sein" kein Ergebnis des unterscheidenden Denkens ist (Philosophie), sondern ein bewusstes Erleben der Wirklichkeit, gerade durch das Ausschalten des Denkprozesses, kann das Erlebte auch nicht wirklich mithilfe von Worten wiedergegeben werden, sondern nur von jedem einzelnen Menschen selbst erlebt werden. Die Wahrheit des Zen ist daher keine Philosophie im üblichen Sinn, also ein Ergebnis von bloßem Denken, sondern eine Selbstbezeugung, also eine Selbsterkenntnis und gleichzeitig ein Erkennen der nichtdualen Wirklichkeit, jenseits der Worte und des Denkens.

Aus diesem Grund wird in der Zen-Ästhetik das sprachliche Benennen bzw. Erklären des höchsten ästhetischen Ideals („wunderbares Sein") als Beschmutzung aufgefasst! Das bedeutet aber gleichzeitig auch, dass das höchste ästhetische Ideal dem Wahren entspricht, da es nicht durch Denken kontaminiert ist. Hinzu kommt, da im Zustand von „wunderbarem Sein" das Ich transzendiert ist, dass es noch das Gute umfasst. Das höchste ästhetische Ideal des Zen ist also das Wahre, Gute und Schöne, das im Gegensatz zu seinem Pendant in der westlichen idealistischen Ästhetik nichts Normatives ist und daher nicht dem ästhetischen Diskurs anheimfallen kann. Dementsprechend sieht sich die Zen-Ästhetik auch als kunstlose Kunst, die weder vom Zeitgeschmack noch von einer philosophischen Diskussion beeinflusst werden kann.

Zen wird in Japan durch ein Meister-Schüler-Verhältnis vermittelt. Der Zen-Meister ist ein Mensch, der die Erkenntnis des Zen selbst erfahren hat und dadurch aus der illusionären Wirklichkeitssicht des gewohnten dualistisch-reduktionistischen Denkens erwacht ist und das Zen bezeugt durch seine eigene Erfahrung. Jeder Zen Meister ist berechtigt, ein eigenes Kloster zu leiten und die Zen-Schüler auszubilden. Mithilfe von verschiedenen „Kunstkniffen" versucht der Meister dem Schüler die gewohnte reduktionistisch-dualistische Denkweise auszutreiben, um das Bewusstsein des Schülers für die nonduale Wirklichkeit des Zen zu öffnen. Neben der bereits erwähnten Meditation befleißigt sich eine spezielle Schule des Zen, die Rinzai-Schule, zusätzlich der kōan-Methode.

Kōan sind Fragen, die der Zen-Meister seinen Schülern stellt, durch die sie, mithilfe der Meditation, geistige Klarheit über die nonduale Wirklichkeit gewinnen sollen. Notwendigerweise sind diese Fragen durchweg paradox formuliert, daher können die Schüler die gestellten Fragen nicht wie üblich mit Hilfe von Denken beantworten. Als Beispiel sei ein historisch berühmtes kōan genannt: Wie heißt der wahre Mensch ohne Rang und Namen? Da diese Frage nicht mithilfe von Denken zu lösen ist, zwingt sie den Schüler, das Nach-Denken über dieses kōan fallen zu lassen und sein Bewusstsein der nondualen Wirklichkeit zu öffnen, wodurch, wenn die Umstände günstig sind, die Wahrheit des Zen erfahren werden kann und dadurch die Frage beantwortbar wird. Die „Beantwortung" dieser Fragen ist mit großen Glücksgefühlen gekoppelt, daher nennt das Zen diesen Bewusstseinszustand „wunderbares Sein". Ist „wunderbares Sein" gegenwärtig, ist der entsprechende Mensch auch fähig, echte Zen-Kunstwerke, also Zen-Ästhetik, im originären Sinn zu schaffen. Bleibt die Erkenntnis hingegen nur eine philosophische, also eine Erkenntnis des Denkens, ist dies nicht der Fall. Warum das so ist, wird im Text am Beispiel der Tuschmalerei erklärt. Worte können die Erfahrung von „wunderbarem Sein" niemals wirklich vermitteln, und das authentische, lebenswirkliche Zen wird zur Philosophie über Zen.

Wie kann aber das Erlebnis von „wunderbarem Sein" kommuniziert werden? Da die Kunst andere Möglichkeiten hat als die Sprache, kommen wir nun wieder auf die Zen-Ästhetik zurück. Im Bewusstseinszustand von „wunderbarem Sein" gibt es nur Dynamik, und daher wird mithilfe der Zen-Kunstwerke auf diese Dynamik verwiesen und damit auf das Prozesshafte der Wirklichkeit aufmerksam gemacht.

Aus dem Gesagten wird klar, dass es keinen Sinn macht, die Zen-Kunstwerke mithilfe von Sprache zu analysieren, tut man es dennoch, wird die Kunst beschmutzt. Ein Erkennen dieser Kunst kann daher nur ein intuitiver Prozess sein, in dem sich der Künstler mithilfe seiner Kunst mit dem Rezipienten in Verbindung setzt und beide zusammen in einer

Art Symbiose das im Kunstwerk Gemeinte imaginieren.

Ein weiteres Charakteristikum der wabi-sabi-Ästhetik ist, dass das Prozesshafte in der Herstellung des Kunstwerks offen zutage tritt. In einem Tuschgemälde (sumi-e) gibt es im Gegensatz zur Ölmalerei keine Korrekturmöglichkeiten. Jeder Pinselstrich ist daher eine Spiegelung der Persönlichkeit des Malers und zeigt unmittelbar die geistige Verfassung, während er das Gemälde geschaffen hat. Er muss, um z. B. ein Gemälde eines Bambus herstellen zu können, den Bambus viele Jahre studiert und vor dem Malvorgang, um ihn ohne Korrektur ausführen zu können, in seinem Bewusstsein geistig prävisualisiert haben. Der eigentliche Malvorgang, der in wenigen Minuten beendet ist, ist dann „nur noch" die technisch perfekte Umsetzung der geistigen Übung. Im Moment des Malvorgangs ist das Bewusstsein des Malers eins mit dem Bambus, die Herstellung des Bambusgemäldes selbst ist dann Meditation in der Bewegung. Der vom Denken unbefleckte und daher „reine" Geist des Malers wird mithilfe des Körpers in Malbewegung umgesetzt. Der Bewusstseinszustand des Malers während des Malvorgangs wird *mu-shin* genannt, was wörtlich übersetzt Nicht-Geist bzw. „leerer" Geist heißt. Damit ist gemeint, dass das Bewusstsein selbst, absolut, ohne unnütze Gedanken, im Malvorgang aufgeht. Der Maler erschafft das Bambusgemälde wie der Meditierende, der mit „leerem Geist" im Prozess der Atmung verweilt bzw. in ihr aufgeht. Damit ist die Trennung zwischen dem Ich als Ich-Bewusstsein und dem zu malenden Gegenstand, bzw. dem Meditationsobjekt Atmung, aufgehoben. Da in diesem Geistes-Zustand die beiden dualistischen Gegensätze zwischen ich und Nicht-Ich verschwunden sind, wirkt im Moment des Malprozesses „wunderbares Sein", der Schaffensprozess geschieht mit dem offenen und weiten Geist des *mu-shins*. Die Subjekt-Objekt-Spaltung, die sonst unweigerlich durch das Denken hervorgerufen würde, ist aufgehoben, und die Tätigkeit wird durch die Vermittlung von *mu-shin* unmittelbar. Erhebt sich aber während des Malvorgangs nur ein einziger Gedanke, der ablenkt, ist es vorbei, der Tuschestrich wird unterbrochen, und ein Fehler wird sichtbar.

Mu-shin ist daher die Grundlage aller Zen-Kunst bzw. der Zen-Kunstwerke.

Man kann das oben Gesagte auch mithilfe eines Zen-Kōan anders formulieren: Ein berühmter Zen-Meister wird von einem Schüler gefragt: Was ist das Zen? Die Antwort: Der Eichbaum da im Garten. Oder: Um es poetisch mithilfe eines Haiku von M. Bashō zu umschreiben.

Wenn man ein Ding sagt
werden die Lippen kalt –
Herbstwind

Ein weiteres Charakteristikum der wabi-sabi-Ästhetik ist die Einfachheit bzw. die Kargheit der Kunstwerke. Indem auf alles Überflüssige verzichtet und z. B. im Tuschgemälde ein Porträt auf ganz wenige, aber essenzielle Pinselstriche reduziert wird, schafft der wabi-sabi-Künstler einen Leerraum, den der Rezipient fast schon zwanghaft vollendet, um die unvollständige Gestalt zu schließen. Wäre das Gemälde aber in einem realistischen Stil gemalt, in dem alle Details genau ausgeführt sind, träte beim Rezipienten Statik ein, die aber gemäß der Zen-Philosophie gerade verhindert werden soll.

Neben der Hervorhebung des Ephemeren und Prozesshaften, sowie der Sparsamkeit der eingesetzten Mittel, ist die Formlosigkeit bzw. Asymmetrie der Kunstwerke charakteristisch. Die Zen-Ästhetik ist besonders in der Tee-Zeremonie im sogenannten wabi-Stil verwirklicht. Die Teeschale (chawan), in der der Pulvertee mithilfe des Teebesens zu einem „Teebrei" aufgeschlagen wird, erfreut sich hierbei einer großen künstlerischen Wertschätzung, die sich z. B. darin findet, dass die einzelnen Teeschalen mit Namen belegt sind. Diese Teeschalen sind oft unregelmäßig geformt und haben Sprünge oder sogar Risse. Die Teeschalen der wabi-sabi-Ästhetik machen einen sehr rustikalen und ursprünglichen Eindruck und wurden daher, zumindest anfangs, bei der Rezeption dieser Kunstwerke durch Europäer und Nordamerikaner als primitive Kunst missverstanden. Sie stellen damit genau das Gegenteil der formvollendeten und eleganten Teeschalen im chinesischen Stil dar, die vor der Entwicklung der wabi-Teezeremonie in Gebrauch waren. Falls sie durch den Gebrauch Abnutzungsspuren erhalten oder sogar Sprünge entstehen, wird dies nicht als

Mangel empfunden, sondern es adelt diese Gebrauchsgegenstände sogar. Nach der wabi-sabi-Ästhetik zeigt eine Patina, die durch häufigen Gebrauch entsteht, dass diese Gegenstände gerne in die Hand genommen und daher wertgeschätzt werden. Diese Wertschätzung ist deshalb nicht nur theoretisch-ästhetischer, sondern ebenso praktischer Art. Die Verbindung von Praxis und Theorie entspricht aber wiederum der nondualistischen Wirklichkeitssicht des Zen.

Allgemein gesehen drückt die Asymmetrie bzw. Unregelmäßigkeit Dynamik aus, denn eine vollkommen symmetrische Form kann sich nicht weiter entwickeln und ist daher statisch.

In den Teeschalen und anderen für die Teezeremonie benutzten Keramiken ist noch ein weiteres Charakteristikum der wabi-sabi-Ästhetik zu erkennen, die Hervorhebung der Materialität. Manche dieser Teeschalen sind sogar ohne Glasur und machen geradezu einen gesteinshaften Eindruck, z. B. die Keramiken von Shigaraki. Andere Kunstwerke haben zwar eine Glasur, diese ist aber unregelmäßig bzw. unvollständig, z. T. in Verlaufsform aufgebracht. Diese Merkmale verschleiern weder das Material, aus dem die Keramik geformt wurde, noch den Werdegang der Herstellung, sondern verweisen im Gegenteil auf sich selbst.

Nicht die Herstellung der perfekten Form steht im Mittelpunkt, in der das Material untergeht, bzw. von der Form „vergewaltigt" wird, sondern die Darstellung des Prozesshaften, also der Dynamik, die selbst Zen ist.

Noch ein letztes Kriterium der wabi-sabi-Ästhetik soll genannt werden: *Kire* – bedeutet abtrennen bzw. abschneiden. Es handelt sich hierbei um ein fundamentales Prinzip, sowohl in den Künsten als auch im Buddhismus. Im Buddhismus werden die Begierden abgeschnitten, indem das substanzielle Ich als Illusion erkannt wird, der Geist wird hierdurch von Anhaftung befreit. In den Künsten wird die Natürlichkeit in der Wiedergabe der Natur bewusst abgeschnitten, erst durch diesen Vorgang kommt es zur Gestaltung, und das Dargestellte ist keine bloße Imitation der Natur in Form von Realismus. Wird z. B. in einem Gemälde ein blühender Kirschbaum dargestellt, so verweisen knorrige alte Äste auf den Tod, der immer im Leben immanent vorhanden ist. Der berühmte Trockengarten Ryōanji ist von einer Naturlandschaft umgeben, die aber bewusst durch eine Mauer abgetrennt ist. Der Trockengarten beinhaltet bereits den Hinweis auf den Tod, er ist also ein „Kunstschönes", das durch *kire* einerseits besonders betont wird und andererseits auf das „Naturschöne" außerhalb der Mauer, nach dem Prinzip der geborgten Landschaft, verweist. Kunstschönes und Naturschönes sind somit keine Gegensätze, sondern relational aufeinander bezogen.

Die wabi-sabi-Ästhetik ist eine Entwicklung des japanischen Mittelalters, am Ende des Mittelalters fand sie ihren vorläufigen Höhepunkt im japanischen Gesamtkunstwerk schlechthin, in dem die unterschiedlichen Teilkünste zu einer Symbiose vereint wurden, der wabi-Teezeremonie. Das Mittelalter war eine Zeit ständiger Bürgerkriege und damit eine Zeit höchster existenzieller Not. Es liegt auf der Hand, dass die Samurai, die tagtäglich um ihr Leben fürchten mussten und die diese Ästhetik zum Teil aktiv mitgestalteten, in diese Ästhetik existenzielle Fragestellungen einbrachten. Dieser Umstand war neben der „besonderen" Erkenntnis, die in der Meditation lebenswirklich erfahren werden konnte, eine der Gründe hierfür, warum die Zen-Ästhetik eine besondere Tiefe und Authentizität aufweist. Das Leben konnte sehr kurz sein, und die Vergänglichkeit allen Seins war kein bloßer Spruch, sondern alltägliche Erfahrung. Mit Beginn der Friedenszeit, in der sogenannten Edo-Periode, änderte sich die Strenge und Kargheit dieser Ästhetik und „luxurierte", die Strenge wurde mit Eleganz vereint – eine neue, verspieltere und repräsentative Ästhetik war entstanden, die Ästhetik des sogenannten *kirei-sabi*, oder anders ausgedrückt, eine Ästhetik der Friedenszeit.

Die wabi-sabi-Ästhetik und die westliche Moderne:
Hierzu möchte ich kurz aus einem jüngst erschienenem Buch von Vera Wolff zitieren, das die Rezeptionsgeschichte besonders auch der wabi-sabi-Kunst im Westen aufarbeitet: „ Wie es dazu kam, dass mit Ton, Holz, Tusche und Lack eine besondere, eine spezifisch japanische Ästhetik des Unvollkommenen, des Vergänglichen, Natürlichen, des Prozessualen und des Taktilen verbunden wird, die bis heute den Sehnsuchtshorizont vieler Künstler, Kritiker, Philosophen und Kunsthistoriker bildet, untersucht dieses Buch …" Ich möchte hier eine andere Frage anschließen: „Wie

40

kann es sein, dass eine rund vierhundert Jahre alte Ästhetik den „Sehn-suchtshorizont" zeitgenössischer Kunst bildet, oder anders gefragt: Woran mangelt es in der zeitgenössischen Kunst? Einhellig wurde in der jüngeren Rezeption der u. a. vom Zen beeinflussten japanischen Kunst festgestellt, dass die im oben genannten Zitat wiedergegebenen Charakteristika eine Vorwegnahme der westlichen Moderne darstellen. Durch das weitgehende Festhalten an der idealistischen Ästhetik wurde diese scheinbar neue Sichtweise bis zum Beginn der Moderne im Westen jedoch weitgehend verhindert. Aus dem oben angeführten Gründen wird klar, dass die wabi-sabi-Ästhetik das Gegenteil der idealistischen Ästhetik darstellt, in ihr kann es keine Statik, in welcher Form auch immer, geben. Sie kommuniziert daher notwendig das Prozessuale in ihren Kunstwerken. Aus diesem Grund kam es auch zu zahlreichen parallelen Entwicklungen zwischen den Kunstwerken der wabi-sabi-Ästhetik und denen der westlichen Moderne. Dennoch gibt es zwischen beiden Kunstformen einen entscheidenden Unterschied: Die wabi-sabi-Ästhetik ist eine Kunst des Nicht-Ichs, wäh-rend die Ästhetik der Moderne eine Kunst des Ichs darstellt. Das lässt sich ganz einfach mithilfe des Freiheitsbegriffs belegen. Etwas vereinfachend kann man ausführen, dass das autonome Ich in der westlichen Moderne mithilfe einer freien Willensentscheidung seine Kunst schafft. Der Künst-ler sieht sich selbst als Weltendeuter, Genie usw., und seine Kunst ist so-mit eine Entäußerung des autonomen Ichs. In der wabi-sabi Kunst ist das substanzielle Ich hingegen ein Gefängnis, das vom diskursiven Denken selbst erschaffen wird und mithilfe von Selbsterkenntnis überwunden werden muss. Erst die Transzendierung des substanziellen, d. h. beständi-gen, Ichs erlaubt dem nun freien Künstler, seine kunstlose Kunst zu schaf-fen. In ihrem Buch über die Rezeptionsgeschichte der japanischen Kunst erwähnt Wolff das Problem der „westlichen" Ästhetik, das bis heute nicht gelöst werden konnte: „ … wie kann künstlerische Schöpfung unmittelbar werden? Und: Wie kann es gelingen, dass das Bild selbst ein Ding bzw. der Wirklichkeit der Dinge gleich wird?", dieses Problem ist in der wabi-sabi-Ästhetik bereits gelöst, bzw. tritt erst gar nicht auf, ist nur eine Illusion des reduktionistisch-dualistischen Denkens und mithin nur eine metaphysische Anhaftung des diskriminierenden Geists, die in dieser Form für die westliche Zivilisation charakteristisch ist. Die Tuschmalerei (sumi-e) zeigt beispielhaft, wie Kunst unmittelbar und authentisch werden kann. Das Festhalten an einem autonomen Ich bewirkt die für die Postmoderne so charakteristische „Partikulierung" der Kunst, das beziehungslose Nebeneinanderstehen der verschiedenen Weltsichten, die sich in den jeweiligen Kunstwerken äußern und die daraus resultierende Beliebigkeit der zeitgenössischen Kunst. In der wabi-sabi-Ästhetik sind hingegen Künstler, Kunstwerk und Welt aus den oben genannten Gründen Teil eines holistisch Ganzen, in dem nichts voneinander getrennt wird, und das Ästhetische ist daher gleichbedeutend mit dem Guten und Wahren. Trotz der auffälligen Ähnlichkeiten in den Kunstwerken zwischen der westlichen zeitgenössischen Moderne und der wabi-sabi-Ästhetik scheint mir die wabi-sabi-Ästhetik gegenüber der zeitgenössischen Moderne einen entscheidenden Schritt voraus zu sein, den die zeitgenössische Moderne noch gehen muss, um wahrhaft authentisch zu werden und damit den letzten Rest von Statik (das substanzielle Ich, das sich selbst im Weg steht) ablegen zu können, oder anders gesagt, dem gesuchten Sehnsuchtshorizont der westlichen Kunst entspricht das transzendierte ich der wabi-sabi-Ästhetik.

Literaturhinweis folgt mit Teil 2.

Neue DHG-Mitglieder

Neue DHG-Mitglieder im ersten Halbjahr 2018
zusammengestellt von Claudia Brefeld und Thomas Opfermann

Folgende neue Mitglieder heißen wir herzlich willkommen und freuen uns,
sie mit zwei eigenen Texten hier an dieser Stelle vorstellen zu können:

Nicole Banik aus Kiel/Schleswig-Holstein

Das Leben fließt und letztlich klebt Honig am Glas. Innen wie außen.

Saatkrähen sitzen still, der Kolkrabe ruft mahnend. Einer hört es nicht.

Ira Karoline Bräuer aus Möntenich/Rheinland-Pfalz

Die Heumond-Sichel	Süßer Tropendunst
Steht schon überm goldnen Korn	Schwebt über grünem Wasser –
Unsre Zeit verrinnt	Badewannenzeit

Werner Buschmann aus Niedernhausen/Hessen

Gisela Doi aus Nara-shi/Japan

Fremd in der Heimat	Das zarte Blau der
doch in der Fremde dieses –	Hortensien spiegelt sich
vertraute Gefühl …	in weißen Wolken

Hartmut Fillhardt aus Eltville-Martinsthal/Hessen

Neuer Vorgarten	Aprilregen
Die Kröte am Tor quarrt nicht	Der Weinberg ertrinkt
ohne Batterie	im Blütenmeer

Julia Göhler aus Dresden/Sachsen

Itazura aus Mettmann/Nordrhein-Westfalen

kleine heuballen
mümmeln und haben beine –
schafe-dämmerung

ganz durchgottet
wirklichkeitswucht –
das kreuz ist das koan des lebens

Tobias Krissel aus Kelkheim/Hessen

Phoenix –
zwischen Glendale und Siebzehnter
treffe ich den Mond.

nachtflug die letzten häuser waren sterne

Erich Meyer aus Hamburg

Leiser Sommertag
bunt die Georginen blüh'n –
Tanz des Schmetterlings.

Die Quellen rauschen
am Gestein – wächst grün das Moos –
trauter Haiku-Ort.

Thomas Opfermann aus Stolberg/Nordrhein-Westfalen

Salatkeimlinge,
vom Alten sorgsam gesetzt.
Der Bagger rollt an.

Erinnerungen.
Ding gong Alteisen ding gong.
Da gehen sie hin ...

Stefanie Pohle aus Alfter/Nordrhein-Westfalen

Arbeiten in lauer
Sommernacht – die Amsel ruft
zum Feierabend

Zug um Zug
durch glitzerndes Nass … und dann
die Bahn verpasst

Ann Schadt aus Hanau/Hessen und Hope Town, Bahamas

milky way's sheer veil
embroidered constellations
bridal finery

days stitched together
patchwork patterned quilt of years
warmth and contentment

milchstrassenschleier
sternbilder gestickt
brautkleid der nacht

tage zusammengenäht
im flickwerkquilt der jahre
zärtliche geborgenheit

Susanne Schriber aus Zürich/Schweiz

Im Gras ein Meer von
Diamanten – die Augen,
das Licht heben sie auf.

Klänge des Klaviers
hämmern sich in die Hand,
formen Verszeilen

Sulamith Sommerfeld aus Hollern-Twielenfleth/Niedersachsen

Sommerferien
Libellen schwirren, tanzen –
Still die warme Luft

Die Dornenranke
Neigt sich zum Boden halbrund
Scharfe Begrüßung

Reinhart Thamm aus Neuwied/Rheinland-Pfalz

Nachtwanderung
in der Pfütze der Mond
zum Greifen nahe

Seenotrettung
Leuchttürme löschen ihr Licht
Lava fließt ins Meer

Paul Ulrich aus Berlin

erster warmer Tag
vor dem Eiscafé
knirscht das Streugut

an Mutters Grab
ihre große Angst
vor der Stille

gefrorenes Lächeln

wir kosten den Reis
des Sushi-Meisters

Haiga: Gabriele Hartmann

Lesertexte

Ausgezeichnet
Zusammengestellt von Horst-Oliver Buchholz

NHK World Japan

In der NHK World-Japan, die in 18 Sprachen im Internet erscheint, ist unser DHG-Mitglied Ingrid Reuper in der Rubrik „Photo Haiga" an dritter Stelle als „Haiku Master of the Month" (Juli) aufgenommen worden. Der Abdruck erfolgt hier mit freundlicher Erlaubnis der Autorin.

plötzlich ein Windstoß
der Duft von Flieder
füllt den Raum

Ingrid Reuper
(Übersetzung: Claudia Brefeld)

Haben auch Sie Texte, die im Netz, in gedruckten Publikationen oder bei Wettbewerben besonders gewürdigt wurden? Dann schreiben Sie sie uns. Gerne veröffentlichen wir sie in dieser Rubrik.

Die Haiku- und Tanka-Auswahl September 2018

Es wurden insgesamt 175 Haiku von 61 Autoren und 31 Tanka von 19 Autoren für diese Auswahl eingereicht. Einsendeschluss war der 15. Juli 2018. Diese Texte wurden vor Beginn der Auswahl von mir anonymisiert.

Jedes Mitglied der DHG hat die Möglichkeit, eine Einsendung zu benennen, die bei Nichtberücksichtigung durch die Jury auf einer eigenen Mitgliederseite veröffentlicht werden soll.

Eingereicht werden können nur bisher unveröffentlichte Texte (gilt auch für Veröffentlichungen in Blogs, Foren, soziale Medien und Werkstätten etc.). Bitte keine Simultan-Einsendungen!

Bitte vorzugsweise die Haiku/Tanka in das Online-Formular auf der DHG- Webseite selbst eintragen:

deutschehaikugesellschaft.de/haiku-und-tanka-die-auswahl/
Ansonsten per Mail an: **auswahlen@deutschehaikugesellschaft.de**

Der nächste Einsendeschluss für die Haiku/Tanka-Auswahl ist der 15. Oktober 2018.

Jeder Teilnehmer kann bis zu fünf Texte – davon drei Haiku – einreichen.

Mit der Einsendung gibt der Autor das Einverständnis für eine mögliche Veröffentlichung auf http:/www.zugetextet.com/.

Haiku-Auswahl der HTA

Die Jury bestand aus Sylvia Bacher, Rainer Randig und Angelica Seithe. Die Mitglieder der Auswahlgruppe reichten keine eigenen Texte ein.

Alle ausgewählten 36 Haiku werden in alphabetischer Reihenfolge der Autorennamen veröffentlicht. Es werden bis zu max. zwei Haiku pro Autor aufgenommen.

„Ein Haiku, das mich besonders anspricht" – unter diesem Motto besteht für jedes Jurymitglied die Möglichkeit, bis zu drei Texte auszusuchen (noch anonymisiert), hier vorzustellen und zu kommentieren.

Da die Jury sich aus wechselnden Teilnehmern zusammensetzen soll, möchte ich an dieser Stelle ganz herzlich alle interessierten DHG Mitglieder einladen, als Jurymitglied bei kommenden Auswahl-Runden mitzuwirken.

Eleonore Nickolay

Ein Haiku, das mich besonders anspricht

Kondensstreifen
wer wird meinen Nachruf
schreiben?
Gabriele Hartmann

Ein *Senryû* ist es, persönlich und ohne Jahreszeitenbezug, jedoch mit Spannung durch die deutliche Zäsur und mit offenem Ausgang.

Kondensstreifen entstehen wetterunabhängig in Kälte, insbesondere in großer Höhe und Luftfeuchtigkeit. Je höher diese ist, umso länger bleiben sie bestehen und für uns sichtbar. Die freie Sicht ist zwar nicht jahreszeiten- jedoch schönwetterabhängig.

Der Autor und Fragesteller (ich bin so emanzipiert, dass ich die männliche Form für beide Geschlechter nehme) hat ein Alter erreicht, wo Verluste zunehmen, auch eigene körperliche Beschwerden und damit verbundene depressive Stimmungslagen.

Da taucht die Frage auf, was wird bleiben von mir, wenn ich nicht mehr bin, von meinem Leben, meiner Arbeit, von mir als Mensch. Wie lange wird die Erinnerung andauern? Wem liege ich so am Herzen, dass er meinen Nachruf verfasst?

Mir gefällt die Assoziation mit dem klaren Himmel, wo hoch oben etwas über längere Zeit sichtbar bleibt, obwohl der Verursacher nicht mehr da ist. Ein beeindruckend langer Nachhall …

Ausgesucht und kommentiert von Sylvia Bacher

die spitze Nase
der Wolke am Himmel
zieht sich lang und länger

Ingrid Töbermann

Ja, diese Wolken! Scheinbar immateriell, kaum greifbar, dennoch spürbar, fließend, umhüllend können sie sogar die Sicht nehmen. Andererseits lassen sie sich von außen betrachten. Wahre Chamäleons der Form, zwei mit derselben Gestalt gibt es nicht. Veränderlich im Werden und Vergehen wird eigenständige Lebendigkeit vorgegaukelt. Dabei sind auch sie eingebunden in die Wirkkräfte der Welt. Faszinierend, wenn sie vereinzelt dahinziehen, frei schwebend und sich wandelnd. Verrückte Wolken! Unsereiner hier unten kann fast nur durch die Deutung von Formähnlichkeiten Bezüge zu ihnen herstellen.

So schau doch, dort oben ein Kopf mit Pinocchionase! Seltsam – das gilt doch nicht etwa mir, oder? Was habe ich bloß gedacht? Jetzt streckt sich die Nase noch weiter! Wahrhaftig, kein Blick ins Nichts – sondern auf ein Menetekel!

Kaum erleichternd, wenn die gestreckte Wolke sich langsam auflöst. Pinocchio bleibt mir! Mehr sag' ich nicht. Nur so viel noch: Auch Einbildung hat ihre Ursachen …

Ausgesucht und kommentiert von Rainer Randig

Gewitterschwüle
unsere Worte entkleiden sich

Anke Holtz

Das Haiku konfrontiert zunächst mit einer Naturstimmung, die wir kennen. Meist ist sie problematisch, meist schwer zu ertragen. Sie macht gereizt oder träge. Etwas ist aufgeladen in der Atmosphäre, drängt nach Entladung. Zugleich ist es warm, das Bedürfnis, sich von überflüssiger Kleidung zu befreien, übermächtig.

Wir erfahren in der zweiten Zeile, dass der Autor nicht alleine ist. Er teilt die Schwüle mit mindestens einem Menschen. Das **Ent**kleiden bekommt durch die mögliche Zweisamkeit eine besondere Bedeutung. Etwas Intimes klingt an.

Aber halt, es sind die Worte, die sich hier entkleiden: „unsere Worte". Mir gefällt die metaphorische Verdichtung. Und mir gefällt die Originalität dieser Wendung. Aber was heißt es, wenn Worte sich entkleiden? Was deutet sich in diesem Bild an?

Schwüle kann bekanntlich auch auf einen inneren Vorgang verweisen, auf eine innere Spannung zwischen (zwei) Menschen, auf Unbehagen oder Enge. Das ist die zweite Ebene des Haiku. Es geht um (sprachliche) Konventionen, Hemmungen, die, ausgelöst durch die Gewitterschwüle, fallen gelassen, abgeworfen werden wie Kleidungsstücke. Dabei bleibt offen, ob das Entkleiden der Worte einem aggressiv explosiven Impuls folgt, bei dem Gereiztheit und Ärger unmaskiert hervortreten – oder ob es dabei um zurückgehaltene Leidenschaft geht, wo Worte ihre Verkleidung abwerfen und sich die Liebe unverhüllt zu erkennen gibt. Das Haiku lässt es offen. Das macht den Zweizeiler geheimnisvoll.

Apropos Zweizeiler: Hätte das Haiku auch dreizeilig angelegt werden können? Mir kommt es vor, als würde sich bei der dreizeiligen Schreibweise etwas von der Wucht seiner Wirkung abschwächen.

Das Haiku hat mithin alles, was ein gutes Haiku haben sollte: Die Unmittelbarkeit des Erlebens im Augenblick, das Sinnliche und die Offenheit, mit der sich die Fantasie des Rezipienten frei entfalten kann. Darüber hinaus ist es in einer Jahreszeit verankert. Was es mir aber besonders angetan hat, das ist die Originalität dieses poetischen Einfalls, und es sind die beiden kunstvoll – und zugleich einfach – miteinander verwobenen Bedeutungsebenen. Wichtig auch, dass das Bild auf beiden Ebenen stimmt, auf der äußeren, in der Natur verhafteten, wo Kleider abgeworfen werden, weil es schwül und warm ist, und auf der inneren, kommunikativen Ebene, wo Worte aus der Deckung kommen, weil eine innere Spannung zu groß geworden ist. Durch die Kurzschaltung dieser beiden Ebenen erreicht das Haiku eine besondere Verdichtung. Es überrascht.

Mit wenigen Worten gelingt hier (noch vor dem Gewitter) ein echter Knaller!

Ausgesucht und kommentiert von Angelica Seithe

altes Feuer –
sie bläst in die
letzte Glut

Taiki Haijin

Zunächst ein Bild. Wir sehen eine Feuerstelle – Lagerfeuer oder Kamin. Das Feuer hat schon eine Weile gebrannt. Es ist „alt". Wir sehen eine weibliche Person, die in die „letzte Glut" dieses fast schon erloschenen Feuers bläst.

Fast zugleich mit dem Feuer steigt ein Verständnis für seine Symbolik in uns auf. Das „alte Feuer", Sinnbild für eine vergangene Leidenschaft, eine alte Liebe vielleicht –, die aber noch nicht ganz erloschen ist. Es gibt noch einen Rest von Glut. Und die Frau versucht, indem sie hinein bläst, die alte Beziehung oder ihre Gefühle noch einmal zu entfachen.

Fragen tauchen auf, die uns bewegen: Wann und wodurch geht ein Feuer zur Neige, wodurch bekommt eine Partnerschaft weniger Nahrung? Wie können wir sie lebendig erhalten? Oder muss man das Ende einer Liebe als naturgegeben hinnehmen? Macht es Sinn, ins Feuer zu blasen?

Zugleich könnte sich das Haiku aber auch auf ein inneres Feuer der Protagonistin selbst beziehen, auf ihre Energie, ihre Liebesfähigkeit, ihre Fähigkeit, noch sinnlich leidenschaftlich zu empfinden – für einen Menschen oder eine geliebte Tätigkeit. Es ist ein „altes Feuer", aber es hat noch diese „letzte Glut", es hat noch Potenzial zu entflammen, lebendig zu werden und, wenn der Übergriff erlaubt ist, … ein wunderbar anregendes Haiku zu schreiben.

Ausgesucht und kommentiert von Angelica Seithe

Die Auswahl

Café Gourmand ...
der Spatz verlässt den Tisch
ohne Krümel
    Valeria Barouch

der schmale Pfad im Moor
hier und da –
Silberschälchen
    Gerd Börner

glühender Tag
nur die Schatten
wandern
    Horst-Oliver Buchholz

Gipfelkreuz
ich stehe
auf einer Wolke
    Frank Dietrich

gewittriger abend
neben der quelle
ein salamander
    Bernadette Duncan

Fremde Gerüche
das Meer flutet den Abend
mit einem Rauschen
    Hans-Jürgen Göhrung

Unterm Lindenbaum
eine stumme Zeitzeugin –
die alte Holzbank
    Erika Hannig

Lindenblütenduft
er lockt zu
ja für die Chemo
    Martin Berner

dieser Tag am Meer –
in meine Kladde schreibe ich
kein Wort
    Gerd Börner

Regentage.
Die Katze springt
nach der Stubenfliege.
    Reinhard Dellbrügge

Frühlingswiese
in jedem Tautropfen
eine andere Welt
    Frank Dietrich

Abendsonne
Unsere Schatten kommen
sich näher
    Hans-Jürgen Göhrung

altes Feuer –
sie bläst in die
letzte Glut
    Taiki Haijin

gefällte Weide –
einmal noch treiben
im rapsgelben Meer
    Claus Hansson

die Birke wispert
über dem Wollgras
flirren Libellen

Claus Hansson

morgenstille
verebbt im lärm der großstadt
warten auf die flut

Kerstin Hirsch

mit einem Wunsch
die Münze taumelt
auf den Brunnenboden

Anke Holtz

Friedhofsbank
Geschichten Verstorbener
werden lebendig

Gérard Krebs

Gezeitenwechsel
die Stille
als er den Fisch ausnimmt

Eva Limbach

es gäb' viel zu erzählen
sitzende Angler
stumm wie die Fische

Wolfgang Rödig

Leerer wird die Welt
und meine Schritte kürzer
wie lang noch der Weg …

Hildegund Sell

Kondensstreifen
wer wird meinen Nachruf
schreiben

Gabriele Hartmann

Gewitterschwüle
unsere Worte entkleiden sich

Anke Holtz

Felsenbirne
die Vögel teilen ihre Früchte
mit mir

Angelika Holweger

Unter den Wellen
das tiefe Seufzen
der Stille

Matteo Lieber

Hospizbesuch
und die Amsel singt und singt

Ramona Linke

dämmerstündchen
zu versinken ohne angst
vor dem erröten

Birgit Schaldach-Helmlechner

ein vogellied
wirft mir den morgen zu
waldschatten

Helga Stania

lerchenlieder meiner gedanken leichtigkeit
Helga Stania

Arm in Arm
Mäuseschritte zählen
mit Oma Erna
Angela Hilde Timm

Beim Anblick der
Leine in meiner Hand springt
er wie ein Flummi
Angela Hilde Timm

unten und oben
unser Kater und der Spatz
oben und unten
Erika Uhlmann

Nachtschmetterlinge
panisch in Vorhangfalten
die Uhr tickt
Traude Veran

Abschied
ihre Wimperntusche
geht auf Reisen
Friedrich Winzer

Leere …
mein Papierkorb
voller Haiku
Friedrich Winzer

sehende Hände
das anatomische Lächeln
der Masseurin
Klaus-Dieter Wirth

Tanka-Auswahl der HTA

Tony Böhle und Silvia Kempen wählten vier Tanka aus.
„Ein Tanka, das mich besonders anspricht" – unter diesem Motto werden
Texte vorgestellt und kommentiert.

Ein Tanka, das mich besonders anspricht

dieses schweißgebadete
Hin-und-her-Wälzen
Nacht für Nacht
der Kampf der Schlangen
in meinem Kopf
Frank Dietrich

Jeder Dritte in Deutschland schläft schlecht, leidet an Schlafmangel oder einer Schlafstörung. Wer kennt es nicht, dieses ruhelose Hin-und-her-Wälzen, wenn Sorgen, Probleme, Angst oder unruhige Tagesabläufe den Schlaf rauben oder sich in Träumen Ausdruck verleihen.

Die Schlange ist eines der ältesten Ursymbole der Menschheit und hat vielschichtige Bedeutungen, die positiv oder negativ sein können. Dazu ein paar Beispiele: In der griechischen Mythologie wurden Schlangen als Wesen der Heilung angesehen. Die Häutung wird als Symbol für die Erneuerung des Lebens gesehen. Dem gegenüber steht die Schlange, wie wir sie aus der Schöpfungsgeschichte kennen: Sie verkörpert das Böse, Verrat und Falschheit.

In diesem Tanka wälzt sich das lyrische Ich schweißgebadet hin und her, was nicht gerade für positive Träume spricht. Und das auch noch „Nacht für Nacht". Wiederkehrende Träume weisen oft auf alte Verhaltensmuster hin, die den jeweiligen Menschen nicht loslassen und die sehr häufig mit negativen Erfahrungen gekoppelt sind. Das geht meist so lange, bis das Erlebnis bewusst bearbeitet wird.

Der Hinweis auf dieses „Erlebnis" ist „der Kampf der Schlangen".

Ausgesucht und kommentiert von Silvia Kempen

Die Auswahl

Großmutters Foto
im Kerzenschein blinzeln
ihre Augen
wie damals zur Weihnachtszeit
als ich die Puppe bekam
Christa Beau

dieses schweißgebadete
Hin-und-her-Wälzen
Nacht für Nacht
der Kampf der Schlangen
in meinem Kopf
Frank Dietrich

nur mein Bestes
wollte Mutter und hinterließ
nebst gutem Rat mir
den Familienschmuck – beides
werd' ich wohl umarbeiten

Gabriele Hartmann

das gute Vinyl
dreht die Zeit so schön zurück
knisternde Spannung
sogar an manchem Kratzer
hängt eine Erinnerung

Wolfgang Rödig

nach dem Tagwerk ...

die letzten Farben
nimmt der Abend mit

Haiku: Claudia Brefeld, Foto: Paul Bernhard

Mitgliederseite

Jedes Mitglied der DHG hat die Möglichkeit, eine Einsendung zu benennen, die bei Nichtberücksichtigung durch die Jury der Haiku- und Tanka-Auswahl auf dieser Mitgliederseite veröffentlicht werden soll.

wandernde Schatten
im Gras ruhen
meine Gedanken

Ellen Althaus-Rojas

Der Klang der Wogen
am nächtlichen Sommerstrand –
ein Fest der Stille.

Thomas Berger

ins Weite schauen …
Sommerlicht
um jeden Schatten

Horst-Oliver Buchholz

Dokumentale
Dokumentalitäten
Dokulitrosen

Peter-Michael Fritsch

waldbaden –
sein sound
uraltvertraut …

Ruth Guggenmos-Walter

fallobst: äpfel
zu lange im gras gelegen
ameisenwege

Bernhard Haupeltshofer

Flimmernder Weizen
umhüllt den Gefallenen,
dem der Jäger bläst.

Nicole Banik

Spatzengezwitscher
verhindert den Mittagsschlaf
Träumen und Brüten

Eva Beylich

Federwolken
an der Ameisenstraße
speist ein Grünspecht

Hildegard Dohrendorf

Sonnenuntergang
das Rot verliert sich
in den Himmel

Karola Groch

tiefes Wasser
das Kratzen seiner Feder
bei dem Wort STILLE

Gabriele Hartmann

Urlaubsbeginn
ich habe Lust auf einen
Künstlernamen

Birgit Heid

58

nach dem Wünschen
die Sternschnuppe
fliegt und fliegt

Anke Holtz

Abendsonne
beleuchtet das Staunen
das Flüstern der Blätter

Ute Kassebaum

Auf der Pirsch
wir entdecken
Zeit

Petra Klingl

schon wieder schwarz
die holunderbeeren –
so rasch jedes jahr

Theo Schmich

Riesige Wiese
mit Traubenhyazinthen.
Erfreutes Summen.

Gerhard A. Spiller

Vögel schweigen
Bäume rauschen sanft
der Wind erzählt vom weiten Meer

Erika Uhlmann

Misteln auf dem Baum
ein Fremdling in Holsteins Land.
Bei mir wachsen zwei.
Ob es wohl der Kleiber war
der im Kot den Samen trug?

Christa Wächtler

bevor die Sonne geht –
er pflückt mir
wilde Erdbeeren

Angelika Holweger

Klassentreffen
Neben ihr: die erste Liebe –
Zu nah am Feuer

Annelie Kelch

Das Tuschzeichen „Pferd"
nimmt den Lauf mit flatternder Mähne
Die Ahornblätter fallen

Masami Ono-Feller

Abendvorstellung
die Gruppe Wölkchen verweilt
im Gold des Untergangs

Hildegund Sell

die spitze Nase
der Wolke am Himmel
zieht sich lang und länger

Ingrid Töbermann

Dauerblau drückt
auf staubgraues Laub –
sich sehnen nach Grün.

Dagmar Westphal

Haibun

Helga Stania

bödmeren*

einmal streift ein sperber das bild; die zahlreichen sänger bleiben verborgen im bergurwaldgrün.
vorsichtig wandere ich auf markiertem pfad, vorbei an lilien und dolinen,

    dunkle augen einer fremden welt
    wind
    spielt auf saiten gebündelten lichts

meinem innern tief eingebrannt e i n s a m k e i t e n

*bödmeren: geschützter alpenurwald/schwyz

Angelika Holweger

Sommersonnwende

Zur Dämmerstunde zieht es mich in den Garten. Im Teich badet schon der zunehmende Mond. Das Heu nebenan wurde heute zu Ballen gepresst. Verschnürt liegt nun sein Duft. Am Treppenaufgang plötzlich dieses grelle Licht des Bewegungsmelders. Lautlos schnürt mal wieder der Dorffuchs über Nachbars Hof.

    Borkige Rinde
    erspüre noch einmal
    die Wärme des Tages

60

Deutsche Haiku-Gesellschaft e.V.

Die Deutsche Haiku-Gesellschaft e.V.[1] unterstützt die Förderung und Verbreitung deutschsprachiger Lyrik in traditionellen japanischen Gattungen (Haiku, Tanka, Haibun, Haiga und Kettendichtungen) sowie die Vermittlung japanischer Kultur. Sie organisiert den Kontakt der deutschsprachigen Haiku-Dichter/-innen untereinander und pflegt Beziehungen zu entsprechenden Gesellschaften in anderen Ländern. Der Vorstand unterstützt mehrere Arbeits- und Freundeskreise in Deutschland sowie Österreich, die wiederum Mitglieder verschiedener Regionen betreuen und weiterbilden.

[1]Mitglied der Federation of International Poetry Associations (assoziiertes Mitglied der UNESCO), der Haiku International Association, Tôkyô, der Gesellschaft für zeitgenössische Lyrik e.V., Leipzig, Ehrenmitglied der Haiku Society of America, New York.

Anschrift	Deutsche Haiku-Gesellschaft e.V., z. Hd. Stefan Wolfschütz, Postfach 202548, 20218 Hamburg
	Vorstand:
Info/DHG-Kontakt und Redaktion	Claudia Brefeld, Auf dem Backenberg 17, 44801 Bochum, Tel.: 0234/70 78 99, E-Mail: claudia.brefeld@dhg-vorstand.de
Redaktion	Eleonore Nickolay, 78, Avenue du Général Leclerc, F-77360 Vaires sur Marne, Tel.: 0033/160202350, E-Mail: eleonore.nickolay@dhg-vorstand.de
Kassenwartin	Petra Klingl, Wansdorfer Steig 17, 13587 Berlin, Tel.: 030/5618694, E-Mail: petra.klingl@dhg-vorstand.de
---	Peter Rudolf, Gartenweg 6, CH-4143 Dornach, Tel.: 0041/617021895, E-Mail: peter.rudolf@dhg-vorstand.de
Website	Stefan Wolfschütz, Curschmannstraße 37, 20251 Hamburg, Tel.: 040/477965, E-Mail: stefan.wolfschuetz@dhg-vorstand.de
	Brigitte ten Brink, Kelhofstr.1, 78465 Konstanz, Tel.: 07533/998722, E-Mail: brigitte.tenbrink@dhg-vorstand.de
Internationale Kontakte	Klaus-Dieter Wirth, Rahserstraße 33, 41747 Viersen, Tel.: 02162/12243, E-Mail: kd.wirth@dhg-vorstand.de
	Sowie:
Redaktion	Horst-Oliver Buchholz, Thomas Opfermann, E-Mail: redaktion@deutschehaikugesellschaft.de
Öffentlichkeitsarbeit	Dr. Beate Wirth-Ortmann, E-Mail: drw-o.haiku@t-online.de
Bankverbindung:	Landessparkasse zu Oldenburg, BLZ 280 501 00, Kto.-Nr. 070 450 085 (BIC: SLZODE22XXX IBAN: DE97 2805 0100 0070 4500 85)

Bibliografische Information der Deutschen Nationalbibliothek:
Die Deutsche Nationalbibliothek verzeichnet diese Publikation in der Deutschen
Nationalbibliografie; detaillierte bibliografische Daten sind im Internet über
dnb.dnb.de abrufbar.

©2018 Deutsche Haiku-Gesellschaft
Herstellung und Verlag: BoD –
Books on Demand, Norderstedt
ISBN 978-3-752828-88-7

Horst-Oliver Buchholz

War ein Rosenbeet

Weiter hinten im Garten, von Hecken geschützt, liegt eine kleine Wiese jetzt … mit wilden Blumen, hingeweht vom Winde. Einst war dort ein Rosenbeet. Die Rosen blühten lange im Jahr und lange Jahre. Vor nun schon vierzig Jahren hatte Vater das Beet angelegt. Über das Gärtnern ist er alt geworden. So ebnete er das Beet ein und überließ es der Erde. Bald sprossen Gräser und wilde Blumen. Ich sehe Vaters müde Hände und in den Blüten emsige Bienen.

> zurück im Haus
> eine Mahlzeit bereiten
> für andere

Dieter Franke

Besuch

Der Friedhof liegt am Rande der Stadt auf einer Anhöhe und ist von zwei Seiten durch einen Wald begrenzt. Er freut sich, heute den ansteigenden Weg ohne einen Halt geschafft zu haben. Hier herrscht Ruhe.

> Sommerhitze
> still sitzt die Krähe
> auf einem Ast

An seinem Ziel angekommen, hält er inne. Er schließt die Augen, und da sind sie wieder, die Bilder von ihr.
Der Schrei der Krähe holt ihn zurück.

Gabriele Hartmann

Prävention

Früher gingen hier Lawinen ab. Zuletzt in den 50ern. Verschüttete Straßen, zerstörte Häuser, Tote.
Dann haben sie aufgeforstet. Heute durchdringen meine Augen das Dickicht nicht.
„Bannwald", sagst du.

> drei Wünsche
> dass sie nicht enden
> deine Küsse

Bernadette Duncan

Am Kneippbecken

Als wir uns dem Waldrand nähern, sind sie schon deutlich zu vernehmen. Wie fröhliche Enten, diese zwei Frauen. Wir machen das anders, meint die Freundin.

> vom quellwasser
> verzaubert
> unser schnattern

Bernadette Duncan

Urlaubstag

Es wird langsam hell. Eine Kirchenglocke fügt fünf Schläge an die Mitternacht. Ob alles Hören uns mit dem Anfang verbindet?

guten morgen
in deiner stimme heute
du

Hartmut Fillhardt

Busuluk[1]

Trommelnd wächst die Ebene heran. Pferdeleiber glänzen in der Sonne, strecken sich im Dahinjagen. Fliegende Mähnen über dem wogenden Gras, Hufe, die kaum den Boden berühren – schon sind sie vorbei.

Fernreisebus
Der Fahrer telefoniert
mit dem Abschleppdienst.

Zurück bleiben, seltsam lautlos, in der Sonne blinkende Wolken aus Löwenzahnschirmchen.

[1] Busuluk liegt am Ufer der Samara, einem Zufluss der mittleren Wolga in der russischen Oblast Orenburg, südlich der Republik Tatarstan.

Tan-Renga

Claus Hansson und Ilse Jacobson

Teewölkchen – wie unser Atem spielt
mit dem Duft

im alten Speicherkontor
ein Bild der *Cutty Sark*

IJ / CH

kühler Schatten
über den Buchseiten
ein Vogellied

Haiku: Claudia Brefeld, Foto: Paul Bernhard

Rengay

Rüdiger Jung und Conrad Miesen

KOPF IN DEN WOLKEN

Rengay i. m. Joachim Grünhagen

Bei ihm
haut das hin:
Kopf in den Wolken

Galant und ritterlich groß,
geübt im Verseschmieden

ein Meister darin
den Wind
einzufangen

Karminglutblätter
brachte er mit nach Haus –
und wärmt sich daran

hinter dreifachem Fensterglas
das unermessliche All

und dessen Pochen
im Schneckengang des Gehörs …
Nachdenkzeit pur!

RJ: 1, 3, 5 / CM: 2, 4, 6

Gabriele Hartmann und
Brigitte ten Brink

diese Zärtlichkeit

gepresste Veilchen
damals war
Muttertag

Reifenspuren folgten wir
und wurden Blutsbrüder

am Straßenrand
diese Zärtlichkeit
in ihrem Lächeln

Hahnentritt
eine Menschenkette
von Feld zu Feld

die Polizei heute
hoch zu Ross

der Petticoat wippt
geschickt windet sie Gummis
um den Pferdeschwanz

BtB: 1, 3, 5 / GH: 2, 4, 6

Gabriele Hartmann und
Brigitte ten Brink

nach 40 Tagen

Sturmmond
durch die Straßen treiben
Narren

und Trunkene
in ihre Augen steigt Flut

aus der Ferne
ein Gesang wie von
Meerjungfrauen

er dreht den Globus
A T L A N T I S
taucht nicht auf

nach vierzig Tagen
gestrandet auf einem Berg

ringsum Horizont
das befreite Lachen
wilder Tauben

BtB: 1, 3, 5 / GH: 2, 4, 6

Kettengedichte

Claus Hansson und Ilse Jacobson

Bauernrose
Renhai

in mir	
schon ein Ahnen	
Herbst	IJ
Tau liegt auf der Bauernrose	CH
bergan zieht mich ihr Duft	IJ
zur Almwiese –	
Heimchen fangen	
wie damals	CH

Claus Hansson und Helga Stania

Seebrücke
Renhai

ein kleines Heft	
noch unbeschrieben –	
Sonnenaufgang	HS
an der alten Seebrücke	CH
die grauen Haare im Wind	HS
Blüten fallen –	
selten spricht sie	
über ihre Flucht	CH

Angelika Holweger und Ilse Jacobsen

Frieden ...
Renhai

der alten Dorflinde	
betörender Duft -	
nun gefällt	AH
in den Wind geworfen	IJ
morgen singen sie vom Frieden	AH
Klosterkirche	
Kälte kriecht	
in meine Andacht	IJ

Angelika Holweger und Ilse Jacobsen

Schwarzer Rauch
Renhai

ohne Antwort	
am Wegrand	
Dornengestrüpp	IJ
verblüht ist die blaue Blume	AH
blasser ihre Augen	IJ
schwarzer Rauch	
über Ölfeldern senkrecht	
bis zum Himmel	AH

Ramona Linke und Helga Stania

Ein Traum
Yotsumono

vor dem Verglühen
Cassinis letztes Foto
gestochen scharf

am Rand der Äcker
strandet ein Traum

Hokusai
Die große Welle ...
aufgeschlagen das Stundenbuch

und nun Kinder
allein auf der Flucht

RS: 1, 3 / HS: 2, 4

Zukünftig können jetzt auch längere und lange Kettendichtungen einge-
reicht werden, diese werden dann aber nicht mehr im SOMMERGRAS,
sondern auf der DHG-Website parallel zur jeweiligen SOMMERGRAS-
Ausgabe veröffentlicht. Auf diese Weise wird die gemeinschaftliche Ket-
tendichtung besser gefördert, da es so keine Platzeinschränkungen mehr
gibt, die beim SOMMERGRAS ja immer eine Rolle spielen.

Die Kettendichtungen (*renk*u) bitte immer mit dem zugrunde liegenden
Schema und Anmerkungen einreichen, da es so für die Leser besser nach-
vollziehbar ist.

Wir freuen uns auf Ihre Zusendungen!

Leserbriefe

Bei der Vorstellung der Haiku-, Tanka-Auswahl im letzten SG 121 hat Reinhard Dellbrügge als Kommentator von Frank Dietrichs Haiku *Kirchenruine / das Gewölbe / der Himmel* (S. 49 f.) ein aus meiner Sicht ganz wichtiges Detail unbeachtet gelassen, hat doch der Autor hier nicht den Singular *des Himmels* gewählt, wie in den Erläuterungen suggeriert wird, sondern – ich denke, ganz bewusst! – den Plural *der Himmel.* Damit kommt interpretatorisch eine entscheidende Öffnung hinzu, wahrscheinlich sogar der wichtigste Aspekt: hier unten der statische Anblick des in seiner Zeit erstarrten Monuments, darüber aber das Phänomen der sich ständig verändernden Himmelsansichten. Ein starker Gegensatz, der sogar global die Fragwürdigkeit des vom Menschen Geschaffenen im Vergleich mit den sich stets erneuernden Erscheinungsformen der Natur anspricht! Sozusagen nur ein ausgetauschter Buchstabe, der dieses Haiku letztlich zu einem ganz großen macht!

Klaus-Dieter Wirth

Rezensionen/Besprechungen

Elisabeth Kleineheismann

ALL MIIN

ALL MIIN vergammelndes Holztrumm auf dem Balkon von Peter Gooß. Kurzgedichte im HAIKU-Format. Engelsdorfer Verlag, Leipzig. 2018. ISBN 978-3-96145-289-7. 62 Seiten

„Ach" dachte ich „das ist ein Haiku-Büchlein mit Mundart-Haiku", als ich den Titel sah.

Um es gleich zu sagen: Die Texte sind bis auf einen (siehe Titel) in Hochdeutsch formuliert.

Das Buch hat genau das gleiche Format wie das SOMMERGRAS der DHG und liegt damit gut in der Hand.

Direkt vorne auf dem Umschlag stehen vor grasgrünem Hintergrund unterhalb des Titels diese Angaben: „HAIKU hausbacken, Momente flüchtige, Mini-Kosmosse?, Impulse lyrisch nicht?"

Das macht neugierig.

Auf jeder Seite befinden sich etwa sechs Kurzgedichte im Haiku-Format; die Themen spannen sich vom „Zum neuen Jahr" über „Flüchtlinge", „Klinik -Haiku" bis zu „Kraut und Rüben", „Sommer", „Sonstiges" und „Tod".

Die Texte sind zwischen 2014 und 2018 entstanden, und der Autor hat eine große Bitte: „Nicht die gesamte Sammlung hintereinander lesen!"

„Streng genommen sind die meisten meiner Haiku keine", schreibt Peter Gooß in seiner Einleitung. Und: „Befremdlich für echte Haiku-Kenner ist meine Neigung, möglichst viel in 17 Silben zu packen, einen kompletten Kosmos."

Der Autor führt uns in diesem Büchlein durchs Jahr, das prall gefüllt ist mit Naturbeobachtungen, Begegnungen, Nachdenklichem, Kunterbuntem aber auch ganz zarten Momenten.

Zurück kam der Mai
bunt duftend voller Gesang
ein Jahresring mehr

Trampolinsprünge
alle mit riesigem Klamauk
Soli mit Bangen

November
alles
gesagt

Zwei Kondensstreifen
kreuzen vorm Klinikfenster
im rechten Winkel

Blumenwiese
mit tausenden Blütenfeen
Schön von Weitem – schon!

Früh Sonntagmorgen
Gasthaus im Sonnenlicht
Kirche im Schatten

Berührt
ganz zufällig
wie ein Versprechen

Auch wenn am Anfang die Bitte steht „Nicht die ganze Sammlung hintereinander lesen", verführt die Gestaltung der Seiten mit seinen dicht hintereinanderstehenden Kurzgedichten doch zum schnellen Weiterlesen.

Aber erst, wenn man sich wirklich Zeit nimmt und einen Text auf sich wirken lässt, findet man sicherlich Dreizeiler/Haiku, die man lieb gewinnt.

Mein Lieblings-Haiku:

Viel zu lang
dieser Oktoberblick
für ein Adieu

Zum Ende des Buches ab Seite 48 gibt der Autor einige Anregungen: für eine Performance, für einen Fotokalender, Haiku-Klamauk mit Kindern und zu guter Letzt: „Arbeiten am Text, eher für Ältere."

„Die dichterische Freiheit ist ein wertvolles Gut und sie macht Mut" sagt Peter Gooß und hat den Mut, sich die dichterische Freiheit zu nehmen.

Christof Blumentrath

Sticky Fingers

Sticky Fingers. Renhai von Horst-Oliver Buchholz und Gabriele Hartmann. Miniatur-buch in Handarbeit. bon-say-verlag. 2018. 16 Seiten.

Das im bon-say-verlag erschienene Büchlein „Sticky Fingers" ist ein klei-nes Juwel. Aufgelistet in der Rubrik Miniaturen enthält es 10 Texte, im Stil des Renhai verfasst. Gabriele Hartmann und Horst-Oliver Buchholz las-sen sich von den Songtiteln der Rolling Stones-LP inspirieren und werfen sich auf assoziative Weise die Bälle zu. Nicht zu dicht am Titel orientiert und ohne direkte Bezugnahme auf den Songtext präsentieren sie uns Achtzeiler von bemerkenswerter Tiefe, gespickt mit Haiku von wirklicher Haiku-Qualität. Die eigentümliche Rhythmik der Renhai erinnert mich als Musiker an den besonderen Charme des 5/4-Taktes und macht das Lesen zu einem großen Vergnügen. Den Autoren ist mit diesem wirklich schön gestalteten Büchlein ein sehr originelles kleines Werk gelungen. Es ist handgemacht, erhältlich unter info@bon-say.de, und ich möchte es den Liebhabern von Haiku und anverwandter Lyrik gerne empfehlen.

Petra Lueken

Die Kieferninseln

Die Kieferninseln von Marion Poschmann. Roman. Suhrkamp Verlag, Berlin. 2017. ISBN 978-3-518-42760-6. 165 Seiten.

Gilbert Silvester „hatte geträumt, dass seine Frau ihn betrog." Mathildas entrüstetes Widersprechen bestärkt ihn nur in seinem Verdacht. Er verlässt die Wohnung, bucht den frühestmöglichen Interkontinentalflug, der ihn nach Japan bringt, nicht gerade das Land seiner Träume. Tokyo ist das erste der sieben Kapitel, deren Überschriften die jeweiligen Reiseorte benennen.

Gilbert ist ein unauffälliger Wissenschaftler mit Erinnerungen an Demütigungen und Misserfolge, aktueller Experte für Bartforschung im Rahmen eines Drittmittelprojekts. In Tokio trifft er Yosa Tamagotchi[1], einen jungen Mann, der aus Prüfungsangst seinen Selbstmord plant.

Diese beiden Protagonisten reisen gemeinsam durch Japan. Gilbert versucht Yosa vom Selbstmord abzuhalten und findet darin eine Aufgabe. Beide nutzen Bücher als Reiseführer. Gilbert ersteht Matsuo Bashôs „Auf schmalem Pfad durchs Hinterland", eine Pilgerfahrt zu Heiligtümern auf den Spuren seines Vorgängers Saigyo, beide sehnten sich nach dem Mond über Matsushima, den Kieferninseln. Yosa hat das Selbstmordhandbuch dabei mit dem englischen Untertitel „The Complete Manual of Suicide". Selbstmordorte unterliegen einer strengen Hierarchie. Es gibt vulgäre und ehrenwerte Plätze. Gilbert nennt es ein „Handbuch für Volltrottel, denen im Leben aber auch wirklich nicht das Geringste gelang".

So reisen die beiden ungleichen Männer durch Japan, besuchen Denkmäler und Selbstmordplätze und nähern sich auf Umwegen Matsushima. Dabei macht Gilbert Yosa häufig Vorhaltungen, „Von einem Japaner hätte ich mehr erwartet." Er hält ihm weitschweifige Vorträge und drängt ihn sogar zum Schreiben von Haiku. Dazwischen gibt es Kontakte mit Mat-

---

[1] Tamagotchi: elektronisches Spielzeug, virtuelles Haustier, wurde Mitte der 1990er Jahre in Japan populär.

hilda, die seine Japanreise anzweifelt.

Immer wieder spielen Kiefern eine Rolle. Kiefern haben ungleich anderen Bäumen keine einheitliche Wuchsform. Im Park des Kaiserpalastes sehen unsere Reisenden die sorgfältig in Form geschnittenen Bäume, die aufgrund ihrer ästhetischen Gestaltung klassifiziert werden. Die der Natur nachgeformte „…zwanghafte Schönheit, für die dieses Land so berühmt war." All diese Formen würden sie in Matsushima vorfinden, der Bucht der Kieferninseln.[2]

Gegen Ende der Reise und des Romans „verliert" Gilbert seinen Reisegenossen und die Autorin irgendwie die Lust, und der Roman endet etwas lahm mit einem geplanten Telefonat, in dem Gilbert Mathilda nach Tokio rufen will.

Die erfahrene und mehrfach preisgekrönte Autorin verbindet die verschiedenen Motive zu einem leicht zu lesenden und amüsanten Roman zwischen Ernst und Satire. Da sind die beiden skurrilen Protagonisten, von denen der eine nicht weiß, was er dort will, und der andere weiß, dass er nicht da sein will. Da sind die beiden die Reise bestimmenden Bücher, die unterschiedlichen Kulturen, Unverständnis, Überheblichkeit und Begeisterung, westlicher Tourismus und japanische Pilgerfahrt, die strenge Gestaltung der Natur.

Haiku spielen in dem Roman eine untergeordnete Rolle, aber für Leser, die Japan bereisen wollen oder schon in Japan waren, ist es eine vielgestaltige und kurzweilige Lektüre mit Landschaftsschilderungen von großer Schönheit.

---

[2] Gilberts Nachname Silvester bedeutet der Mann aus dem Wald!

Silvia Kempen

federleicht

federleicht / featherlight von Pitt Büerken. 111 Haiku & Senryu, Kurzgedichte in japanischer Tradition. chiliverlag, Verl. 2018. ISBN 978-3-943292-65-7.

Bei „federleicht" handelt es sich um ein Buch im handlichen Format von 11 x 17 cm mit insgesamt 132 Seiten, davon 111 Seiten mit jeweils einem Haiku/Senryû in deutscher und englischer Sprache. Das Cover zieren rosa und blaue Federn. Auf den Haiku- bzw. Senryû-Seiten werden die zweisprachigen Texte durch eine hellgraue Feder voneinander getrennt.

Zwischendurch auf insgesamt fünf Seiten findet der Leser Illustrationen von Hanna Rut Neidhardt, die sich auf das Haiku/Senryû auf der daneben befindlichen Seite beziehen.

Zum Schluss gibt es jeweils eine kleine Biografie mit Bild von Pitt Büerken und Hanna Rut Neidhardt sowie bibliografische Informationen zu den einzelnen Haiku/Senryû.

In seinem Vorwort am Anfang des Buches macht Pitt Büerken deutlich, dass es sich nicht um reine Übersetzungen der jeweils in Deutsch oder Englisch verfassten Haiku/Senryû handelt, sondern dass es ihm ein Anliegen war, in beiden Sprachen „richtige" Haiku bzw. Senryû zu präsentieren.

Da stellt sich mir sogleich die Frage, was sind „richtige" Haiku bzw. Senryû, und gibt es auch „falsche" Haiku bzw. Senryû? Was den einen Leser berührt, muss noch lange nicht den anderen Leser berühren. Und ist das überhaupt eine Frage von richtig und falsch oder eher von gut und schlecht? Aber auch über gut und schlecht lässt sich streiten.

Nachfolgend möchte ich zwei Haiku/Senryû vorstellen, die mich besonders berührt haben.

auf dem Wochenmarkt
deine funkelnden Augen
hinter den Äpfeln

weekly market / your sparkling eyes / behind the apples   S. 76

Bahnsteig 7
einsam wartet ein Koffer
auf seine Sprengung

platform 7 / a lone suitcase waits for its / detonation   S. 107

Brigitte ten Brink

IM FLUSS

IM FLUSS von Silvia Kempen und Gabriele Hartmann. Rengay. bon-say-verlag. www.bon-say.de. 2018.

Noch bevor auch nur ein Wort gelesen wurde, ist man entflammt. Entflammt für ein kleines liebevoll gestaltetes Büchlein im A6-Format. Das Cover, ein Aquarell in mitreißend fließenden Rot-, Blau-und Grau-Tönen – Feuer, Wasser, Luft, Erde – macht neugierig auf die innere Dramaturgie: 20 Rengay auf 20 Seiten.

Rengay, ein für den Leser relativ leicht zu verstehendes und nachzuvollziehendes Genre, wurde von dem Amerikaner Gary Gay als Alternativform zur formal durchstrukturierten japanischen Renku-Dichtung entwickelt. Rengay bestehen aus sechs sich abwechselnden drei- bzw. zweizeiligen Versen. Schreiben zwei Autoren zusammen ein Rengay, verfasst jeder im Wechsel zwei Dreizeiler und einen Zweizeiler nach dem Schema 3-2-3-3-2-3. Die Partner legen vorher ein Grundthema fest, doch ein Rengay sollte sich nicht ausschließlich auf einer einmal gewählten Ebene abspielen. Indem sie ihren Worten und Ideen weitere Aspekte, Schauplätze und Topics zuschreiben (Link), betreten die Autoren von Vers zu Vers neue Ebenen (Shift) und erweitern damit sozusagen den Horizont ihrer Dichtung. Bedeutungstragende Worte dürfen, sollten aber nicht unbedingt wiederholt werden. Eine Zeile der fertiggestellten Dichtung kann am Schluss zur Überschrift werden.

Silvia Kempen (SK) und Gabriele Hartmann (GH) beherrschen diese Technik meisterhaft. Die Entwicklung der Geschichten, ihre von Vers zu

Vers voranschreitende Gestaltung ist manchmal atemberaubend, wie in dem Rengay *UND SCHWEBT*. Es beginnt ganz ruhig und sanft: *Gänseschrei / eine Feder schwebt ... / und schwebt* (Vers 1, SK). Doch schon im nächsten Vers ist aufkeimende Dramatik zu spüren, wenn es heißt *über dem Pergament / Spiegelungen* (VERS 2, GH), die sich dann in der ersten Zeile des dritten Verses mittels *vage(r) Schatten* weiter festigt, um in einem hochaufsteigenden Rossini-Konzert (SK) zu münden, das dem unermüdlich kreisenden Pegasus ... *Schaum / vorm Maul* (Vers 4, GH) beschert, bis am Schluss im sechsten Vers der am Anfang angedeutete Brief vehement wieder zurückgenommen wird: *sein Wort? / er reißt den Brief / wieder an sich* (Vers 6, GH).

Oder ruhiger im Ton, jedoch nicht weniger dramatisch in *SCHON GEBUNDEN*. Dieses Rengay handelt vom Werden und Vergehen, von Intrigen und einem Neuanfang. Auf der Klaviatur der Stimmungen darf natürlich die Melancholie nicht fehlen. Leise, wie es ihrem Wesen entspricht, kommt sie in *ABSEITS DES WEGES* daher.

Der Clou dieses Büchleins ist jedoch seine Reise durch den Weltraum, seine Reise zu den verschiedensten Planeten und Asteroiden bzw. Planetoiden unseres Sonnensystems.

Der von Zeus/Jupiter in die Unterwelt verbannte Saturn grüßt als *The Lord Of The Rings* in dem schon erwähnten *ABSEITS DES WEGES*.

In *GESCHMIEDET UND GEHÄMMERT* präsentiert sich die Sonne ihrem Platz gemäß als Mittelpunkt der Lebensfreude sowohl in sozialer (beim Opa-Tag und der Geburtstagsfeier mit Freunden) als auch in materieller Hinsicht mit 24-karätigem Gold und einer Reise nach Venedig. Nicht nur viele Sagen, Märchen und Mythen erzählen vom Mond. Auch das Rengay *IN SILBER GEFASST* hat eine Geschichte über ihn, den Auslöser von Zyklen wie den Gezeiten und dem Regelzyklus der Frau. Und so wie Gold das Metall ist, welches der Sonne zugeordnet wird, ist Silber das des Mondes.

Zwei meiner Lieblings-Rengay in diesem Buch sind die über Ceres und Vesta, auch wenn diese beiden nicht zu den „großen" Planeten gehören. Sie zählen zu den Kleinplaneten oder Planetoiden. Ihnen sind die Rengay *SCHON GEBUNDEN* und *EINTAGSFLIEGEN* gewidmet. Auch in der römischen Mythologie spielen die Namensgeberinnen dieser Planetoiden eine große Rolle, ist doch Ceres die Göttin der Erde und der Ernte und Vesta die Hüterin des Feuers.

Aber was heißt hier Lieblings-Rengay. Da wäre noch *DER STERNENHIMMEL* zu erwähnen. Dieses Rengay erzählt von Juno/Hera, die von Jupiter/Zeus, der die Gestalt eines Kuckucks angenommen hatte, überlistet wurde: *aus weiter Ferne / Kuckuckusrufe* (Vers 2, GH) // *durch den Wald – / beim Wolkenbruch / Schutz suchen* (Vers 3, SK), zur Schützerin der Familie und der Ehe ernannt wurde und einem Asteroiden den Namen gab. Oder die vier letzten Rengay, die sich jeweils von Vers zu Vers fortschreitend, einem der vier Elemente widmen und dabei in jedem Vers einen neuen Aspekt hinzufügen und zu einem weiteren Schauplatz führen. *UNTER TAGE* handelt von der Erde, *UND SCHWEBT* von der Luft, *MARINEBLAU* vom Wasser und *RAUCHZEICHEN* vom Feuer.

Unglaublich gut, wie es Gabriele Hartmann und Silvia Kempen gelingt, Astronomie, Astrologie, Mythologie, modernes Leben und ein bisschen Esoterik miteinander zu verknüpfen, dabei Spannung aufzubauen, Geschichten voranzutreiben und den Bogen zu schlagen vom ersten zum letzten Vers.

Es würde den Rahmen sprengen, hier jede gelungene Verknüpfung, jede überraschende Wendung, jede neue Idee zu den jeweilig gewählten Themen aufzuführen und jedes Rengay in seiner individuellen Eigenheit zu bewerten. Deshalb bleibt nur die Möglichkeit selbst zu lesen und der Aufforderung im Rengay *LÖSUNGEN* zu folgen: *BILD dir deine Meinung.*

Berichte

Hartmut Fillhardt

Bunte Bretter in Bierstadt
Haiga-Workshop in Wiesbaden-Bierstadt am 6.Mai 2018

Der Workshop im wörtlichen Sinne als *Werk*-statt: Dieses Erlebnis wurde uns am 6. Mai 2018 in Wiesbaden-Bierstadt zuteil. Organisiert von Ruth Mieger, geleitet von Claudia Brefeld, eroberten wir uns die Gefilde des Haiga.

Wie immer für manchen bedauerlich kurz – bekanntlich kommt der Appetit beim Essen, und ausgehungert schienen wir alle. Nicht einmal so sehr nach dem bewährten Bierstadter Nusskranz – obwohl, wenn ich mich recht entsinne, am Ende des Tages auch von dem nicht mehr viel übrig war – mehr nach Erkenntnis und Anleitung, wie Vers und Bild zum Haiga zusammen zu fügen seien.

Nach der Vorstellungsrunde, die unter den neun Teilnehmern zwei zutage fordert, die sich gleichzeitig bescheiden und selbstbewusst als „noch nicht so viel vom Haiku wissend" outen – sehr zur Enttäuschung des wissbegierigen Eiferers in mir, der sich nur ungern damit aufhalten lassen will, „schon wieder" die Grundlagen des Haiku an sich vorbeiziehen lassen zu müssen. Und wie meist, wenn Eiferer am Werke sind, muss auch meiner im Laufe des Tages erkennen, dass gerade die Konfrontation mit dem Unberechenbaren, die das Merkmal der „Neulinge" ist, manch überraschende Inspiration in den Tag bringt: nicht zuletzt in Form von Fragen, die dem „Fortgeschrittenen" längst entfallen schienen. Und auch dank Claudias Fähigkeit, all dies flexibel in ihren Vortrag zu integrieren, ist der Vormittag geprägt von einer kurzweiligen Einführung in Geschichte und Strömungen des Haiga.

Ausgehend von frühen Haigas alter Meister wie dem Dichter Bashô[3],

---

[3] Matsuo Munefusa „Bashô", japanischer Dichter, 1644–1694. Der Legende nach erhielt er seinen Spitznamen „Bashō" nach der Bananenstaude, die ihm Schüler neben seine Hütte pflanzten.

die auf den ersten Blick einfach „nur" eine Illustration zu einem Haiku zu sein scheinen, oder denen des Dichters und Malers Buson[4], bei denen der Vers „nur" das Bild zu beschreiben scheint, führt uns Claudias Vortrag zu einer Auffassung von Haiga, wie sie die Ausführungen des zeitgenössischen Haiga-Künstlers Stephen Addiss[5] prägnant zum Ausdruck bringen:

> [Japanische Haiga, Wort-Bild-Beziehungen, entwickelten sich in drei Hauptformen. Die erste ist die einfachste: ein informelles Porträt eines Dichters mit einem seiner Haiku Interaktion in Haiga ist unterstützend: eines der Bilder ist in beiden, Worten und Malerei, dargestellt.[...] In einem guten Haiga illustrieren die Bilder jedoch nicht lediglich das Haiku und das Gedicht erklärt nicht einfach das Bild; sie tragen beide zum Gesamteffekt des Werkes bei, verstärken einander aber auch. [...] Die dritte Form der Text-Bild-Beziehungen im Haiga ist die faszinierendste: Das Wort und die Bilder scheinen überhaupt keine direkte Verbindung zu haben.][6]

Dieser Workshop entwickelte sich für mich im Nachhinein zu meiner ersten intensiver durchdachten, weil auch kritisch hinterfragten, Beschäftigung mit Haiga. Was mir gerade in dem Zitat von Stephen Addiss so treffend konstruktiv erscheint, ist das Wort „Beziehung" – und ich schlussfolgere, dass ein die Aufmerksamkeit von Betrachtern inhaltlich und gestalterisch fesselndes[7] Haiga nicht unbedingt in einem Rutsch geplant oder spontan „genial" erdacht werden muss – es kann auch nach und nach durch Interaktion zwischen Bild, Text, Künstler (und vielleicht sogar Kritikern?) zur Reife gelangen.

Nach der Mittagspause breiten die Teilnehmer mitgebrachte Bilder auf dem Tisch aus. Auch Claudia als Leiterin des Workshops gibt nun für sich selbst die Bühne frei und sucht, puzzelt und diskutiert gemeinsam mit uns anderen passende Haiku zu mitgebrachten Bildern, die von Sonnenreflexi-

---

[4] Yosa no Buson, japanischer Maler, 1716–1784.
[5] Stephen Addiss, zeitgen. amerik. Schriftsteller, Musiker, Dichter, Maler, Keramiker und Kalligraf, geb. 1935. Mehr unter www.stephenaddiss.com und
http://americanhaikuarchives.org/curators/StephenAddiss.html
[6] aus: Stephen Addiss: The Art of Haiku: Its History through Poems and Paintings by Japanese Masters, Shambhala-Verlag 2012, ISBN 978-1-590308-86-8 – Übersetzung: Claudia Brefeld
[7] Anstelle abstrakt-absoluter, nicht nachvollziehbarer Bewertungen wie „gut" oder „schlecht" bevorzuge ich auf den Verwendungszweck bezogene, konkretisierbare Attribute, die ich konstruktiv umsetzen kann.

onen am Berg Fuji bis zu Kunstobjekten aus dem Spreewald reichen.

Überrascht stelle ich fest, dass auch das reine Bild beim näheren Betrachten etwas anderes zeigen mag, als es auf den ersten, eifrigen Blick erschien. So ist für mich auch dieser Workshop wieder eine Lektion im achtsamen Hinschauen, wobei mitunter gerade „Fehl"-Interpretationen im Sehen zu Inspiration führen können – wenn sich beispielsweise ein Ast in der Brandung plötzlich als Zweig im Eis enträtselt und so die Kombination mit einem Senryû über ethnische Konflikte zwar auf den zweiten Blick ganz anders deutet, jedoch weiter möglich bleibt.

Natürlich sprengen Ansprüche wie kunsthandwerklich ausgefeilte Schriftsetzung, sei es als freihändige Kalligrafie oder computergestützte Fontplatzierung, sowohl ausrüstungs-technisch wie auch zeitlich den Rahmen eines eintägigen Workshops. Stattdessen wird gedanklich in Bildern nach Assoziationen gefischt, oder Grundregeln der Text-im-Bild-Komposition werden als Collage mit Schere und Papier praktisch erprobt. Manch konstruktive Frage für den Weg zu besseren eigenen Haiga wandert so ins persönliche Haiga-Brevier, nicht zuletzt auch das Erinnern an den guten alten „Goldenen Schnitt".

Dass Haiga auch immer eine Übung im Verfeinern von Haiku ist, dass Bild und Text sich im Entstehen „aneinander reiben", wird deutlich, als wir an einem mit bunten Brettern scheinbar überladenen Bild knobeln.

Zum einen stellt sich die Frage, wo (und wie) in einem bereits durch das Motiv vollgepackten Bild genug Ruhe sein kann, Buchstaben lesbar zu platzieren. Zum anderen zeigt sich, wie Deutungen in Form abstrakter Begriffe viel näher daran scheinen, als Text ein Bild „zu erklären" und das Haiga so „zu verschließen". Und dass es ein spannungsreicherer Weg sein kann, durch eine unerwartete weitere „Geschichte" der jeweils anderen Ausdrucksform eine Erzähldimension hinzuzufügen.

Als dann gerade die beiden Teilnehmer, die in der Vorstellungsrunde erklärt hatten „noch nicht so viel vom Haiku zu wissen", ein japanisches Kinderlied mit Singstimme und Flöte zur Atmosphäre beisteuern, lässt sich beim anschließenden Ausklang im Biergarten neben mancher Idee für den nächsten Haiga-Workshop einmal mehr feststellen, dass es ein fröhlich-runder Tag war.

Beate Wirth-Ortmann

Über den Tellerrand geschaut
Literarisches Gartenfest „Magische Zeiten" in der Bibliothek Monheim am 7.7.2018

Wie gut, dass Gabriele Hartmann sehr umtriebig ist mit ihrem Verlag und der Präsentation ihrer Werke. So hat sie den Kontakt geknüpft zum WAV (Westdeutscher Autorenverband) und dem Förderkreis „ProLiteratur" der Stadtbücherei Monheim.

Der rührige 2. Vorsitzende Lutz Werner und die ebenfalls sehr aktive Geschäftsführerin des WAV, Elke Seifert, sowie Cornelia Gellwitzki-Müller von „ProLiteratur" begrüßten uns (Hartmanns, Wirths) aufs Herzlichste bei ihrem Sommerfest im Garten der Bücherei Monheim am 7.7.2018.

Es galt 30 Programmpunkte unter dem Laub der Bäume abzuarbeiten, was trotz der Hitze und unterschiedlicher Länge der Darbietungen und nicht zu vergessen, der nötigen Essens- und Gesprächspausen, bis ca. 18 Uhr wohl gelang.

Die Autoren, unter ihnen auch Gabriele und Georges Hartmann, die aus ihren Werken in Prosa und Lyrik vortrugen, teils autobiografisch, teils futuristisch-fantasievoll, teils humoresk oder Trauerarbeit leistend, betraten gespannt Neuland mit Klaus-Dieters Erläuterungen zum Haiku, ebenso zu meiner Vorstellung des Haiga in der klassischen Sumi-e-Technik.

WAV- und DHG-Mitglied Sabine Bublitz ergänzte den Blick nach Fernost mit einem japanisch gesungenem Kinderlied.

DHG-Mitglieder Masami Ono-Feller und Christof Blumentrath waren ebenfalls gern gesehene Gäste.

Elke Seifert, die zugleich den ElkeS-Art-Salon führt, stellt 2019 ihr Haus in Düsseldorf-Garath für einen Workshop mit Haiku-Lesung zur Verfügung. Der Termin ist noch nicht festgelegt.

Der Schritt über die Schwelle zu einem Verband mit weitreichender Förderung kann nur ein Gewinn für das Haiku und die DHG sein. Der Anfang war daher durchaus vielversprechend.

Petra Klingl

JAL FOUNDATION
15. Weltkinder-Haiku-Wettbewerb 2017 – 2018, Thema: Lebewesen

Die Japanese Airline Foundation (JAL), eine gemeinnützige Stiftung der gleichnamigen japanischen Fluggesellschaft, lud zum 15. Mal zu ihrem Kinder-Haiku-Wettbewerb ein. Die Einladung erfolgte in Zusammenarbeit mit der Deutschen Haiku-Gesellschaft. Ich übernahm die Koordination dafür.

Die Teilnehmer mussten jünger als 16 Jahre sein und ihre eingereichten Haiku illustrieren. Die JAL stellte die Flyer zur Verfügung.

Unsere Aktivitäten waren vielfältig. Anzeigen für den Wettbewerb haben wir im SOMMERGRAS Nr. 118 (September 2017) veröffentlicht und auf die Webseite der DHG gesetzt. Auf Facebook richtete ich eine eigene Seite für den Wettbewerb ein. Viele Mitglieder verteilten Flyer und warben in ihren Veranstaltungen dafür. Am 24.11.2017 gestaltete ich im Rahmen der Buchberlinkids im Estrell Haiku-Veranstaltungen für Schulklassen. Die Resonanz war hoch.

Vom 1. Oktober 2017 bis 15. Januar 2018 konnten Haiku eingesendet werden.

Schon im ersten Monat lagen zwei Einsendungen im eigens dafür eingerichteten Postfach. Ein guter Anfang, dachte ich, aber leider ging es nicht so weiter. Im November lag nicht ein einziger Brief im Fach. Im Dezember flatterten nur zwei Briefe mit jeweils 14 und 18 Haiku-Beiträgen ein. Anfang Januar trudelten drei Einzeleinsendungen ein.

Zwischenfazit: 37 Einsendungen am 09.01.2018. Ab dem 10. Januar lief ich täglich zum Postfach. 13.01. = 1 Brief á 6 Haiku. 14.01. = 2 Briefe á 18 und 28 Einsendungen, insgesamt: 90 illustrierte Haiku. Meine Enttäuschung kann ich nicht verbergen.

Nun galt es die 15 besten Beiträge auszuwählen. Das übernahmen vier Mitglieder der Berliner Haiku-Gruppe: Karola Groch, Brigitte Weidner, Wolfgang Gründer und Beate Fischer. Sie vergaben eins bis drei Punkte für die anonymisierten Haiku-Illustrationen. Klaus- Dieter Wirth übersetz-

84

te die Texte in die englische Sprache.

Das Ergebnis ist zu sehen auf dieser Webseite:

JAL FOUNDATION – World children's Haiku Contest – The 15th Contest – Germany

Nach dem Wettbewerb ist vor dem Wettbewerb: 16. Welt Kinder-Haiku-Wettbewerb 2019/2020 Thema: Sport, weil 2020 die Olympischen Sommerspiele in Tokio stattfinden.

Es wird wieder gefragt werden, ob die DHG sich beteiligt.

Wir müssen dann gut überlegen und eventuell neue Konzepte finden.

An drei Kinder vergab die JAL einen Großen Preis.

Cornelius Dort

Ronja Sheepers

Katharina Shi

Mitteilungen

Neuveröffentlichungen

1. Ralph Günther Mohnnau: Fontaine d'Amour. Haibun aus Paris.
   Handgefertigt und gebunden. Alpha Literatur Verlag, Frankfurt
   a. M. 2018. 81 Seiten. ISBN 978-3-946927-37-2. Erhältlich im Buch-
   handel oder unter: kontakt@alpha-literatur-verlag.de

2. Peter Gooß: ALL MIIN/vergammelndes Holztrumm/auf dem Bal-
   kon. Gut 250 Kurzgedichte im Haiku-Format, dazu Anregungen
   und Beispiele für Aktionen wie Stadtführungen, Kinderspielaktio-
   nen, Kalender. Engelsdorfer Verlag, Leipzig. 250 Seiten.
   ISBN 978-3-961452-89-7

3. Eleonore Nickolay: Le Pain surprise. 88 Haiku rund ums Essen in
   Französisch mit Illustrationen von Louise Gouthéraud. Reihe *Solstice*
   „Association Frankophone de Haïku". 2018. 70 Seiten.

4. Christof Blumentrath und Gabriele Hartmann: Skandalös. 60 Ren-
   hai. Ringbindung, A6. bon-say-verlag. 2018. 68 Seiten. Zu beziehen
   unter: info@bon-say.de

5. Christof Blumentrath und Gabriele Hartmann: Desire. 10 Renhai,
   inspiriert von Bob Dylans gleichnamigem Album. Heft, A6, Hand-
   arbeit. bon-say-verlag. 2018. 16 Seiten. Zu beziehen unter:
   info@bon-say.de

6. Brigitte ten Brink und Gabriele Hartmann: diffuse Worte. 12 Haiku.
   Heft, A6 quer, Handarbeit. bon-say-verlag. 2018. 16 Seiten. Zu be-
   ziehen unter: info@bon-say.de

7. Gabriele Hartmann: Schwimmhäute. 16 Tanka. Heft, A6, Handarbeit. 20 Seiten. bon-say-verlag. 2018. Zu beziehen unter: info@bon-say.de

8. Georges Hartmann: Schneckentempo. Gedankensplitter. Taschenbuchformat. bon-say-verlag. 2018. 128 Seiten. Zu beziehen unter: info@bon-say.de

9. Horst-Oliver Buchholz und Gabriele Hartmann: Sticky Fingers. 10 Renhai, inspiriert vom gleichnamigen Album der Rolling Stones. Heft, A6, Handarbeit. 16 Seiten. bon-say-verlag. 2018. Zu beziehen unter: info@bon-say.de

Sonstiges

1. **Neue SOMMERGRAS-Cover gesucht** (SOMMERGRAS-Redaktion)
   Für zukünftige SOMMERGRAS-Ausgaben suchen wir neue Beiträge. Ab sofort können Sie uns also Bilder/Fotos/Collagen etc. in ausreichender Druckgröße (ca. 1800 x 2400 Pixel) zusenden – wir suchen daraus dann entsprechend passend zu den jeweiligen SOMMERGRAS-Ausgaben Bilder für das Cover aus und geben Ihnen rechtzeitig Bescheid.
   Wir freuen uns auf Ihre Beiträge!
   Einsendungen bitte an: redaktion@deutschehaikugesellschaft.de
   Stichwort: SOMMERGRAS-Cover

2. **Der Duft des Tuschsteins** (Beate Wirth-Ortmann)
   Es sind neben dem Buch „Der Duft des Tuschsteins" auch noch Originale der darin abgebildeten Haiga zu erwerben. Ion Codrescu hat mit seiner Sumi-e-Haiga-Malerei bereits mehr als 125 Bücher illustriert und in 19 Ländern publiziert, zudem weltweit mehr als 50 Ausstellungen bestückt und kann schon in fünf Museen (eins in den USA und vier im

Haiga-Mutterland Japan) bewundert werden.

Ein Original-Haiga als Unikat ist daher ein durchaus wertvoller Besitz oder ein schönes Geschenk.

Anfragen bitte an: drw-o.haiku@t-online.de

3. **Das Haiku – Eine Einführung in Theorie und Praxis** (Thomas Opfermann)

Am 30.10.2018 findet an der Volkshochschule Eschweiler ein Haiku-Workshop unter der Leitung von Thomas Opfermann statt. Neben einem kurzen Abriss des geschichtlichen Ursprungs bis hin zur heutigen Verbreitung innerhalb der deutschen Lyrikformen liegt der Fokus im Verfassen und gemeinsamen Diskutieren eigener Haiku. Anhand von Beispielen bekommen Sie ein Gefühl für den Charakter eines gelungenen Haiku, den formalen Aufbau, das Spiel der Assoziationen, die Bedeutung der Jahreszeitwörter, etc. Willkommen sind Anfänger und Fortgeschrittene gleichermaßen!

Anmeldung: VHS Eschweiler, Kaiserstr. 4a, 52249 Eschweiler Tel. 02403 7027-0, Web: https://www.vhs-eschweiler.de/

4. **Veranstaltung: Haiku und Wandern** (Volker Friebel)

Freitag, 2. bis Sonntag 4. November 2018 werden wir ein verlängertes Wochenende in der Tagungsstätte Löwenstein (Löwensteiner Berge, in der Nähe von Heilbronn) verbringen und uns mit dem Haiku auseinandersetzen. Die Veranstaltung ist für neue sowie für erfahrene Haiku-Autoren gleichermaßen geeignet. Wir werden die Umgebung erkunden, dabei Haiku skizzieren, diese anschließend gemeinsam besprechen und weiterentwickeln. Und wir werden uns über das Haiku und seine Besonderheiten als Literaturform austauschen.

Veranstaltungsort: Tagungsstätte Löwenstein, Altenhau 57, 74245 Löwenstein, www.tagungsstaette-loewenstein.de/

Veranstalter: Heimat- und Wanderakademie Baden-Württemberg, Schwäbischer Albverein.

Termin: Freitag, 2. November 2018, 18:00 Uhr bis Sonntag, 4. November 2018 gegen 13:30 Uhr.

Leitung: Peter Wißmann und Volker Friebel.

Kosten: 315 Euro für das Seminar einschließlich Unterkunft und Verpflegung.

Anmeldung: www.wanderakademie.de, Eingabe des Stichworts „Haiku" führt zum Seminar, auf dessen Seite auch die Anmeldung möglich ist. Frühzeitige Anmeldung empfiehlt sich, die Plätze sind begrenzt.

5. **Das Haiku – Eine Einführung in Theorie und Praxis** (Thomas Opfermann)

Am Wochenende 8./9.12.2018 findet an der Volkshochschule Aachen ein Haiku-Workshop unter der Leitung von Thomas Opfermann statt. Neben einem kurzen Abriss des geschichtlichen Ursprungs bis hin zur heutigen Verbreitung innerhalb der deutschen Lyrikformen liegt der Fokus im Verfassen und gemeinsamen Diskutieren eigener Haiku. Anhand von Beispielen bekommen Sie ein Gefühl für den Charakter eines gelungenen Haiku, den formalen Aufbau, das Spiel der Assoziationen, die Bedeutung der Jahreszeitwörter, etc. Willkommen sind Anfänger und Fortgeschrittene gleichermaßen!

Anmeldung: VHS Aachen, Peterstraße 21-25, 52062 Aachen
Tel. 0241 47920, Web: https://www.vhs-aachen.de/

6. **Herbstblätter,** Haiku-Workshop in Wiesbaden

Am 11. November 2018 findet von 10 bis 16 Uhr in Wiesbaden-Bierstadt im Gebäude der ehem. Robert-Koch-Schule (Geschäftsstelle vbw-Bierstadt), Hofstr. 2 wiederum ein Haiku-Workshop statt. Geleitet wird dieser Workshop von Klaus-Dieter Wirth. Einen Einblick in unsere Arbeitsweise geben die Berichte in SOMMERGRAS Nr. 121, Juni 2018, Seite 72 *Blaureiher* und Seite75 *Frühjahrsworkshop in Wiesbaden-Bierstadt 2018.*

Anmeldung: Ruth Karoline Mieger, Am Speiergarten 6, 65191 Wiesbaden, Tel. 0611/609 28 92, E-Mail: rkmieger@gmx.de

Errata

SOMMERGRAS Nr. 121

Betrifft: S. 46
Die Angaben zum Buch von Simone K. Busch lauten:

von Schatten trinken/ sipping from shadows Books on Demand, Februar **2017**

Betrifft: S. 20
richtig lautet das Haiku von Ilse Hensel

Wolkenkratzer – Sommerwind
am Hochhausklinker
weht ein Vogelflaum

Betrifft: S. 59
Das Tanka von Ingrid Töbermann lautet richtig:

alle schwärmen aus
Stockente mit acht Küken
weicht der Dampferschar
„Spree-Comtess" folgt „Poseidon"
fröhlich winkt ein Kind vom Deck

Haiku-, Tanka- und Haiga-Mentoring

Für das **Haiku-Mentoring** stellen sich zur Verfügung:

Claudia Brefeld claudia.brefeld@ dhg-vorstand.de
Brigitte ten Brink   brigitte.tenbrink@gmx.de

Für das **Tanka-Mentoring** stellt sich zur Verfügung:

Tony Böhle   tonyboehle@web.de

Für das **Haiga-Mentoring** stellt sich zur Verfügung:

Claudia Brefeld claudia.brefeld@ dhg-vorstand.de

(Falls Postadressen gewünscht, bitte beim DHG-Vorstand anfragen.)

Wir möchten alle DHG-Mitglieder ermuntern, diese Möglichkeiten des Austausches zu nutzen, und nehmen gerne zukünftig weitere Namen in diese Listen auf, die wir – aktualisiert – in jedem SG vorstellen werden.

Covergestaltung

Das Cover dieser Ausgabe wurde von Ruth Wellbrock gestaltet
Im ländlichen Südoldenburg 1937 geboren und aufgewachsen, lebt sie bis heute in der Nachbarschaft ihres Geburtsortes.
Nach dem Abitur studierte sie in der Kreisstadt Vechta Pädagogik und unterrichtete neben Fächern wie Deutsch, Religion und Mathematik auch Kunst.
Erst als Pensionärin entdeckte sie das Malen für sich als besonderes Hobby und baute es in sporadischen Kursen und Workshops aus. Anfangs bevorzugte sie Kreide zum Gestalten, später benutzte sie Acrylfarbe. Lieblingsmotive findet sie in der Natur, in Landschaften, Bäumen oder dem Meer, die sie gern auch verfremdet darstellt. Aber auch die abstrakte Gestaltung findet inzwischen mehr und mehr ihre Sympathie. Gelegentlich nimmt sie an Gemeinschaftsausstellungen teil. Sie selbst betrachtet sich als Hobbymalerin mit gewissem Talent und betont ihre Freude am Gestalten mit Farbe.

Impressum

Vierteljahresschrift der Deutschen Haiku-Gesellschaft
30. Jahrgang – September 2018 – Nummer 122

Herausgeber: Vorstand der DHG
                      Tel.: 040/460 95 479
                      E-Mail: info@deutschehaikugesellschaft.de

Redaktion: Claudia Brefeld, Eleonore Nickolay

Titelillustration: Ruth Wellbrock

Satz und Layout: Martina Khamphasith

Freie Mitarbeit erwünscht. Ihre Beiträge schicken Sie bitte per

E-Mail an: Claudia Brefeld, Eleonore Nickolay, Horst-Oliver Buchholz,
                      Thomas Opfermann: redaktion@deutschehaikugesellschaft.de

Post an: Petra Klingl, Wandsdorfer Steig 17, 13587 Berlin

Die Meinung unserer Autoren muss sich nicht immer mit der Meinung der Redaktion decken. Die Beiträge werden von uns sorgfältig geprüft, für die Richtigkeit, Vollständigkeit und Aktualität der Inhalte, insbesondere der fremdsprachlichen Texte, können wir jedoch keine Gewähr übernehmen.

In der Zeitschrift SOMMERGRAS wird die männliche Form stets generisch gebraucht und bezieht folglich die weibliche Form mit ein.

Einsendeschluss
für die Haiku- und Tanka-Auswahl: 15.10.2018
Redaktionsschluss: 25.10.2018

Jahresabonnement Inland (inkl. Porto) 45 €
Jahresabonnement Ausland (inkl. Porto) 55 €
Einzelheftbezug Inland (inkl. Porto) 12 €
Einzelheftbezug Ausland (inkl. Porto) 14,50 €
Auslandsversand nur auf dem Land-/Seeweg.

Der Mitgliedsbeitrag beträgt 45 € im Jahr und beinhaltet die Lieferung der Zeitschrift (Inland inkl. Porto, Ausland + 10 € Porto).
Die finanzielle Unterstützung der DHG quittieren wir mit Spendenbescheinigungen.